"互联网+"背景下企业品牌营销的策划与创新

向　黎◎著

陕西师范大学出版总社　西安

图书代号 SK24N1499

图书在版编目（CIP）数据

"互联网+"背景下企业品牌营销的策划与创新 /
向黎著. -- 西安：陕西师范大学出版总社有限公司，
2024. 9. -- ISBN 978-7-5695-4593-7

Ⅰ. F272.3-39

中国国家版本馆 CIP 数据核字第 2024WOT040 号

"互联网+"背景下企业品牌营销的策划与创新

"HULIANWANG +" BEIJING XIA QIYE PINPAI YINGXIAO DE CEHUA YU CHUANGXIN

向　黎　著

特约编辑	马辉娜
责任编辑	李广新　刘田菁
责任校对	王　越
封面设计	知更壹点
出版发行	陕西师范大学出版总社有限公司
	（西安市长安南路 199 号　邮编　710062）
网　　址	http://www.snupg.com
印　　刷	河北赛文印刷有限公司
开　　本	710 mm×1000 mm　　1/16
印　　张	10.75
字　　数	215 千
版　　次	2024 年 9 月第 1 版
印　　次	2024 年 9 月第 1 次印刷
书　　号	ISBN 978-7-5695-4593-7
定　　价	60.00 元

作者简介

　　向黎，女，1983年10月出生，四川省乐山市人，毕业于西南交通大学，硕二研究生学历，现任职于四川财经职业学院，副教授。研究方向：市场营销。主持并完成四川省教育厅科研项目1项，参与并完成四川省教育厅科研项目1项，发表论文10余篇。

前　言

　　"互联网＋"技术的不断发展，不仅使人们的生活方式发生了巨大变化，而且给企业的发展和管理带来了前所未有的便利。同时，市场经济的迅猛发展也使企业提高了市场竞争力，使传统营销模式下的卖方市场逐步向买方市场转变。

　　如今，越来越多的企业基于"互联网＋"探索企业营销管理模式的转型升级之路，如何应对"互联网＋"带来的机遇与挑战，以适应日益激烈的市场竞争，是企业当前亟须解决的重要问题。基于此，企业要想实现自身的长远发展，需要充分利用互联网加强品牌营销策划的创新性建设，从而满足时代发展的需求，最终推动自身的可持续发展。

　　全书共五章。第一章为绪论，主要阐述了品牌与品牌营销、现代品牌营销的特征、"互联网＋"背景下的竞争特点、"互联网＋"使传统营销发生的变化等内容；第二章为"互联网＋"背景下品牌营销的策略，主要阐述了"互联网＋"背景下的品牌营销原则、"互联网＋"背景下的品牌营销规律、"互联网＋"背景下的品牌营销方法、"互联网＋"背景下的品牌营销产品、"互联网＋"背景下的品牌营销模式等内容；第三章为"互联网＋"背景下的品牌营销研究，主要阐述了"互联网＋"背景下的品牌营销战略研究和"互联网＋"背景下的品牌营销管理研究等内容；第四章为"互联网－"背景下品牌营销的渠道，主要阐述了电子商务与品牌营销、微信与品牌营销、App与品牌营销、网络论坛与品牌营销等内容；第五章为"互联网＋"背景下的品牌营销创新，主要阐述了"互联网＋"背景下的品牌营销文化创新和"互联网－"背景下的品牌营销方式创新等内容。

　　在撰写本书的过程中，笔者参考了国内外很多相关的研究成果，在此对相关学者、专家表示诚挚的感谢。

　　由于笔者水平有限，书中一些内容还有待进一步深入研究和论证，在此恳切地希望各位同行专家和读者朋友予以斧正。

目　录

第一章 绪论

"互联网+"作为经济发展的一种新型商业模式，不仅增强了国家的经济实力，而且与传统行业的融合已成为趋势。因比，如何辩证地、最大限度地把握互联网时代的优势，进而实现自身品牌营销策略的转型，已成为企业必须深入思考的一个问题。在"互联网+"背景下，为了有效完善与创新企业品牌营销的路径，有必要对品牌与品牌营销的基础知识以及"互联网+"背景下的竞争特点和营销活动状况有所了解。本章分为品牌与品牌营销、现代品牌营销的特征、"互联网+"背景下的竞争特点、"互联网+"使传统营销发生的变化四部分。

第一节 品牌与品牌营销

一、品牌

（一）品牌的定义

品牌作为公司、产品或服务的独特标识，起到了建立有效区别于竞争对手的独特市场形象的作用，是一种无形资产。

品牌的组成包括品牌名称、品牌标志和商标。培育和创造品牌的过程是体现产品的独特标志、精神象征、价值理念的过程，这样一个独特的创新过程能让产品在市场竞争之中取得优势，从而更好地提高市场占有率，最终实现增加利润的目标。

目前，对于品牌的定义有很多种，举例如下：

①品牌是指组织及其提供的产品或服务的无形和有形的综合表现，其目的是辨认组织产品或服务，并使之同竞争对手的产品或服务相区别。

②品牌是一种名称、术语、标记、符号或图案，或是它们的相互组合，其目

的是辨认某个销售者或某群销售者的产品或服务，并使之同竞争对手的产品或服务区别开来。

③品牌是企业或品牌主体（包括城市、个人等）所有无形资产总和的全部浓缩，而这一"浓缩"又可以特定的"符号"来识别。它是主体与客体、主体与社会、企业与消费者相互作用的产物。

（二）品牌的特征

一般认为品牌具有专有性、无形性、表象性、扩张性和不确定性等基本特征。

1. 专有性

品牌专门用于识别生产者或销售者的产品或服务，不仅可以用于识别自己，也可以用于区分竞争对手，被称为"商品的分辨器"。

2. 无形性

品牌是产品与服务的质量和信誉的保证，往往被称为企业的无形资产，有时也被称为企业的"摇钱树"。

3. 表象性

品牌虽然是企业或其产品核心价值的体现，但也需要通过外在的标识等来表现。

4. 扩张性

品牌产品或服务往往可以卖得更贵，也可以卖得更多，可以驱动市场，因此经常被资本用来扩张市场。

5. 不确定性

品牌转化过程具有一定的风险，并且该风险具有一定的不确定性。

（三）品牌的作用

1. 品牌使消费者产生认知

品牌对消费者而言是一种品质保证。产品的同质化竞争导致市场竞争日趋激烈，对消费者而言，同一类产品之间的差异化越小就越难分辨。品牌是同一类型产品的不同厂家和不同品质的体现，因此，消费者可以通过品牌来辨别其产品和服务。品牌能为消费者提供方便、直观的信息，有效地缩短了消费者在选购商品时花费的时间，降低了信息不对称带来的购物风险，使消费者能依据自己的喜好，选择满意的商品及贴心的服务。

2. 品牌是对消费者的一种承诺

消费者的购物风险主要体现在信息获取的不对称性上，即对消费者而言，在商品质量、服务、价格、时间、精力、社会评价等方面都面临着一定的风险。一旦企业建立了品牌，就需要为自己的品牌负责，拥有良好信誉的品牌可以让消费者放心购买，使其节省时间和精力，并且可以使消费者买到满意的商品。

3. 品牌对企业具有增值的作用

品牌作为一种无形资产，会随着时间的推移和目标客户的增加而不断提高影响力。品牌的增值作用与消费者的需要密切相关，而符合消费者心理需要的品牌形象和观念能够激发其购买欲。

4. 品牌具有法律上的保护功能

首先，在消费者看来，品牌是企业产品的标识，如果产品出了问题，追究其根源，企业就不可推卸责任。如果消费者的身体和精神受到了损害，那么消费者可以通过法律途径获得赔偿。对企业来说，品牌是经过长时间的累积而形成的一种资产，它可以帮助企业维护自己的合法权益。品牌注册后形成商标，即取得商标专用权，而其他未获授权的单位或个人则不得仿造仿冒，违者视为侵权，由此可以抑制不法厂商对其产品的模仿，维护市场份额。

（四）品牌的相关理论基础

1. 品牌竞争力理论

品牌竞争力是一个企业品牌内含的生命力以及在市场中的竞争力，企业的品牌竞争力可以帮助企业实现品牌溢价，通过提升品牌在市场中的竞争力来赢得更高的定价空间，从而达成持续为企业创造超额利润的长期目标。

一般来讲，品牌竞争力具有五个特征：①比较性。产品或服务在质量、设计、知名度等方面有区别于其他同类产品或品牌的特别优势，具有明显的排他性。②目的性。企业千方百计地提升品牌竞争力，为的就是在市场上占得优势，从而获得超额收益。③动态性。企业的品牌竞争力并不是一成不变的，而是在内部资源、竞争市场、行业环境等各种内外部因素的影响下不断变化的。④过程性。企业的品牌竞争力不是一朝一夕就能形成的，而是需要企业从产品的设计一直到后期维护各个环节投入生产资料，长此以往才能形成竞争力。⑤整合性。品牌竞争力是企业在资源、管理系统等多方面进行整合的结果，缺少任何一个要素都无法很好地形成企业的品牌竞争力。

通常情况下，可以将品牌竞争力看作由市场占有率和价值再造能力共同构成的指标。从市场占有率的角度来看，企业品牌在市场中能够抢占的份额越高，它具有的品牌竞争力就越强。从价值再造能力的角度来看，企业品牌需要利用品牌传播、品牌营销等手段，不断重塑品牌价值，进行无形资产的累积。从上述两个角度入手进行品牌管理，企业可以提升自身的知名度和美誉度，廓清自身的品牌形象，最终实现可持续的高质量发展。

2.品牌管理相关理论

（1）品牌资产理论

品牌资产是指与品牌、品牌名称和标志相联系，能够增加或减少企业所销售产品或服务价值的一系列资产与负债。品牌资产主要包括五个方面，即品牌忠诚度、品牌认知度、品牌联想、品牌知名度、其他专有资产，这些资产通过多种方式为消费者和相关企业提供价值。品牌资产还应包括品牌溢价能力和品牌盈利能力。在品牌资产金字塔中，最终能够为品牌拥有者带来巨额回报的两个最重要的资产就是品牌忠诚度和品牌溢价能力。

（2）品牌文化理论

品牌文化是一种亚文化现象，基于某一品牌对社会成员的影响以及聚合而产生，是某一品牌的拥有者、购买者、使用者或向往者之间共同拥有的，与此品牌相关的独特信念、价值观之类的总和。可以说，对品牌文化群体中的消费者而言，文化通常是难以改变的背景，与品牌紧密相连的就是消费者群体拥有的价值观、身份以及行为习惯的总和。品牌文化能持续影响消费者，甚至能够影响社会。

3.品牌价值相关理论

（1）品牌价值理论

品牌价值理论为品牌塑造提供了理论指导。品牌价值不同于产品，是产品的附加值；也不同于品牌资产，前者是品牌价值的内涵，后者是对品牌价值进行测量的结果。

品牌价值包含六个构成因素，即功能、服务、情感、成本、创新、社会。品牌价值的来源包含政府、供应商、受众、媒体、雇员等利益相关者，这些利益相关者并不是竞争对手，而是品牌价值的合作方。

（2）品牌价值共创理论

数字时代改变了品牌价值创造的逻辑，品牌关系网络也发生了三次转变：第一次是一元关系阶段，品牌价值由企业输出，用户为接收方；第二次是二元关系阶段，这个阶段提出了品牌价值共创思想，让用户参与到品牌价值的生产中；第三次是多元关系阶段，从原先的品牌方提出价值主张进行传播转变为围绕企业利益相关者进行传播。

与消费者市场的重点目标是影响消费者的决策相比，企业级市场的决策体系更为复杂和理性，需要影响以企业为核心的利益相关者，参与决策的不仅有用户，而且涉及政府、媒体、采购者、使用者等利益相关者。

（3）艾宾浩斯遗忘曲线

给目标受众留下深刻印象是品牌塑造的目标之一。艾宾浩斯遗忘曲线告诉我们记忆是会衰退的，如果想要巩固记忆，需要不断地重复，并且记忆的内容需要有深刻的意义。

有效品牌传播的遗忘曲线指出，品牌要想永流传，首要任务是重复渲染。每一次的品牌传播都会有一个有效时限，当记忆逐渐淡忘的时候，即达到市场遗忘警戒线时，传播需要不断重复以加强受众的记忆。记忆虽然会淡忘，但有的品牌传播仍然是有效持久的。研究发现，在广告费用和投放时间一致的前提下，受众记忆度最深的传播内容往往是品牌核心价值。因此，品牌传播只有坚持提高核心价值，才能保证品牌传播的长期有效。

二、品牌营销

（一）品牌营销的内涵

区别于传统的营销，品牌营销是对企业的品牌进行营销。学术角度的品牌营销是从品牌拥有者的角度来解释的，指品牌拥有者对品牌的设计推广与维护所做的一系列工作的集合。因此，品牌营销过程中的组织者和利益相关者都可以理解为品牌的拥有者，而品牌营销过程中的客户、合作方或媒体等接触者均是品牌营销的参与者。当今的品牌营销工作的内容日渐丰富，从提升品牌口碑的角度来推进工作，工作的内容也随之日渐复杂。企业不仅要建立品牌资产，进行品牌识别、品牌定位与塑造、品牌推广等基本工作，还要进行开拓市场、管理媒体平台、管理市场活动行为、维护品牌口碑以及组织品牌体验活动等附加工作。品牌营销的实践可以从目标客户和支撑技术两个层面来理解。

1. 目标客户层面

在品牌营销的众多参与者中，当企业客户和个人客户被定为目标客户时，二者既有相似点又有不同点。首先，两类客户的需求均会随着市场、经济以及科技等因素的变化而调整；其次，两类客户的消费偏好、获取信息的渠道以及决策方式均会有不定期的调整。因而，企业在制定营销策略时，要根据客户的变化进行及时的调整，品牌营销的媒体也需要随着信息技术的改进而及时更迭。在互联网时代，传统的品牌营销策略已经逐步向整合营销策略转变；电视、广播、社交媒体、线上与线下广告等也逐步向互联网营销靠拢，演变出网站或App（应用程序）弹窗、搜索引擎推广或分销平台推广等新形式。这类新兴的、整合的品牌营销策略，能够贴近客户的习惯与偏好，用多种方式吸引顾客，并引导顾客做出购买行为。线上和线下结合能够保证多渠道触及顾客，"互联网＋"平台、微博、微信以及短视频平台上方兴未艾的内容营销、社交圈、知识产权（intellectual property，IP）塑造、直播营销等正在改变品牌营销理论与实践的发展进程。

2. 支撑技术层面

在追求经济高质量发展的当下，互联网与大数据技术催生了全新的商业模式、传播方式以及商业生态圈，在提高人们生活质量的同时也加快了生活的步伐。企业通过互联网可以收集到客户的消费记录及消费偏好，并以数据的方式储存下来进行跟踪与分析，人工智能、深度学习、云端计算等使得数字营销与购买场景相结合成为可能。企业通过大数据对客户进行精准画像，能够根据客户的期望进行企业品牌形象的塑造。随着信息公开程度的提高，消费者主权意识逐渐觉醒，传统的较为粗放的品牌营销模式已经不再适用，品牌营销正朝着精益化的方向转变。营销模式的选择需要结合品牌定位、企业发展方向、企业短板甚至竞争市场，并根据后期的发展进行不断的适应与调整，才能取得企业期望的营销效益。通常来讲，企业的生产追求效益最大化，因此在进行品牌营销的过程中，也需要对品牌营销的成本进行控制，保证企业的收入与产出相适宜。

（二）品牌营销的相关理论基础

1. 4P 营销理论

1960 年，著名的营销学大师杰罗姆·麦卡锡（Jerome McCarthy）根据自己的研究经验将多种多样的营销活动归纳成四类市场营销组合，简称为"4P 营销组合"，即产品（product）、价格（price）、渠道（place）、促销（promotion），下面对其进行具体分析。

（1）产品

产品是一切的核心，它的产生就是为了满足消费者的需求。企业必须先明确产品的市场定位、消费者的实际需要，然后对产品进行研发。一个完整的产品，按照由内至外的顺序可分成核心产品、有形产品和附加产品。核心产品的功能在于满足消费者的某项需要；有形产品是对核心产品的强力保障，一般包括产品的品牌、包装、设计、功效、服务品质等；而附加产品是指提供给消费者的额外服务，有助于企业提升商品竞争力，一般包括运输安排、服务、信贷等。

（2）价格

如何确定产品价格是一门学问，只有价格合理的产品才容易让客户认可。产品价格的制定，首先要考虑的是企业生产产品的成本。只有在考虑成本的前提下制定合适的产品价格才可以保证企业不亏损。商品的成本核算并不容易，因为涉及许多方面，如包装成本、运输成本等，只有经过科学的统计与讨论，才能得到精确的数值。

目前有以下几种比较常用的定价方式：一是需求导向定价，即根据消费者的市场需要、消费能力、购物能力等相关方面来制定产品价格。二是成本导向定价，即以成本为引导进行的价格制定。这一定价方式具有许多好处，包括价格持久、准确性高、易行、简单等。三是竞争导向定价，即企业根据竞争者的同类产品价格来定价，如果市场环境变化大，就要适时调节产品价格，以赢得市场先机。但不管外界市场环境怎样变动，企业在制定产品价格时，首先需要遵循的原则都是以消费者的采购水平和需要为依据。产品价格的制定，同企业的整体利益密切相关。在为商品定价时，企业要尽量考虑多方面的因素，包括成本、定价目标、顾客要求、竞争者价格水平等。产品价格的制定应富有弹性和灵活性，并能够迅速地变动和调整。

（3）渠道

企业能否成功开拓新市场，关键点就是渠道决策过程是否成熟。渠道的选择成熟与否，直接关乎着企业的市场竞争力，而企业市场营销渠道也会基于市场营销的发展趋势而不断改变。企业市场营销渠道是由各个环节组成的，是把商品由厂商传递到消费者手中的一系列商业活动。企业在选用最佳渠道时，必须遵循专门的衡量标准：一是经济效益标准，即企业尽可能选用成本较低而销售额较高的渠道；二是市场可控性标准，即企业能否在与中间商的博弈中保证独立性；三是市场适应性标准，即渠道要能尽快应对市场经济环境的改变。

（4）促销

促销在商务活动中很常见，企业为了提高销售业绩，经常采用各种方法来获得顾客的关注，从而引起顾客的购买行为，促进其销售。推广战略分为推式与拉式，其中推式的核心在于推动，首先由生产商向经销商推荐商品，若批发商认为这个商品的品质很好，就会把它推荐到零售商那里，若零售商认为商品的销售情况很好，他们就会将商品推向市场，并向他们的客户推荐。这种推广方式更为常见，也更为直观，特别适用于小型企业。拉式推广战略就不同了，这是一种企业为了吸引更多的客户而采取的营销手段，通常借助各种媒介，或者是在公众场合进行宣传。因此，这种推广方式与第一种方式截然相反，前者利用媒介，如广告等来吸引受众，后者则能吸引零售商的注意力，零售商会将商品推荐给批发商，最终又会有批发商加入。

4P营销理论是营销学的经典理论，是营销学发展的里程碑，该理论的核心是要求企业在不可控制的环境下，对可以控制的要素进行组合，形成一个动态的组合。四要素中任何一个要素发生变化，都会产生不一样的结果，从而对整个营销活动产生影响。因此，企业需要根据顾客的需求和市场营销的环境，全面考量产品、价格、渠道、促销等各个因素，立足自身资源和优势，综合运用各种营销手段，使企业营销活动达到最佳效果。

2. 整合营销传播理论

20世纪90年代，美国西北大学整合营销传播教授唐·舒尔茨（Don E. Schultz）提出整合营销传播理论，该理论的核心思想是用统一的声音说话，即一元化的营销宣传策略。企业将一切营销活动，包括广告、公关、促销、包装、直销等结合在一起，通过各种传播手段，协调整合营销传播方案，并清晰一致地传达给消费者，从而建立起统一的品牌形象。

整合营销传播既是一种理念，也是一个商业过程，需要企业根据消费者的行为为自己的产品寻找一个具有竞争力、能够吸引消费者的关键点，通过关键点在消费者心中进行品牌定位，从而建立一个鲜明的、统一的品牌形象，这个形象能让消费者将企业的品牌与竞争品牌区别开来。

3. 价值营销理论

价值营销是指通过向顾客提供最有价值的产品或服务，创造出新的竞争优势。企业对产品价值的输出需要通过用户反馈来进行确认，用户对产品的价值认知程度越高，黏性越高，产品的价值可持续性就越强。要想让用户对企业提供的商品形成明确的价值认知，企业就必须认识到，所有与用户的互动咨询销售，不仅是为了满足用户当下的业务需求，还是一次难得的机会——一次在对方的心中建立起价值认知的机会。对用户日常的每一个服务细则进行优化，不必花费巨额的营销宣传费用，同样可以在目标群体中建立起具有吸引力的品牌。

产品赋值是企业运用可调动资源构建价值认知的过程，贯串产品设计、媒介渠道、销售终端等价值认知链的所有环节。企业在产品设计之初就可以规划如何建立价值认知，将建立价值认知的工作从被动变为主动。

营销赋值是判断企业广告推广活动营收业绩亮眼与否的关键，其源于其出色的营销能力（创造价值和建立价值认知的能力），而不是促销能力（返利的能力），最终引导企业持续性地为用户创造价值，在营销活动停止后仍然可以对用户的消费行为产生影响，为用户长期和持续消费产品提供理由。

（1）价值营销内容

企业不仅要为用户创造价值，还要让用户对这些价值产生认知，只有被用户认知的价值，才能对用户的消费行为产生实质性影响。用户的消费决策并不由产品的客观价值直接决定，而是由主观世界对产品形成的价值认知直接决定的。

一件产品能否赢得市场，关键在于企业能否在用户心中为该产品塑造强有力的价值认知。一方面，企业需要强调信息先行，让用户在购买产品之前就获得对产品准确的价值认知；另一方面，企业要让用户在实际使用产品后成为企业的推荐者，而非负面信息的传播者。用户价值认知的形成离不开产品体验以及产品信息的共同作用。在用户形成价值认知的过程中，体验和信息并非独自发挥作用，而是共同构成一个彼此影响、相互印证的封闭循环，即价值认知闭环。价值认知包括以下两个方面：

一是产品体验。产品的使用体验是用户对一件产品的价值产生认知最直接的来源。在使用过程中，用户可以切实地感受到产品的质地、功能、效果，基于亲身感受判断自己的需求是否得到了满足，以及得到了何种程度的满足，从而形成价值认知。这种价值认知会深深地烙印在用户的心中，持续作用于消费决策，也就是产品的黏性，其代表着用户通过使用对产品产生了很高的价值认知，从而增强持续消费的意愿。

二是产品信息。用户收集并分析由企业向用户传递的信息，从而建立对目标产品的价值认知。企业不但要主动传递信息，还要用用户听得懂、记得住的方式对产品信息进行阐述，以便用户快速有效地形成对产品的价值认知，在众多产品中做出价值选择。会触发产品信息的关键点包括产品名称、产品包装、产品感官、产品广告、销售终端。价值营销内容如图 1-1 所示。

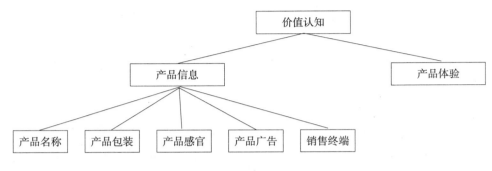

图 1-1　价值营销内容

①产品名称。产品名称既要以用户期待构成的价值认知为核心，又要考虑未来的产品延伸边界。

②产品包装。包装设计的用料并不是衡量包装设计优劣的核心，包装的核心是向用户传递信息，让用户能够在与产品接触的短暂瞬间最大化地建立对产品的价值认知。

③产品感官。用户在使用产品之前，会通过视觉、触觉、嗅觉、听觉搜集关于产品的各种信息，这些信息会对用户形成价值认知起到关键作用。

④产品广告。公众媒介的出现，为企业和用户在非消费场景下的信息沟通提供了可能。企业为了将信息触达更多用户，向媒体支付信息通路租金，获得向用户传递信息的权利，在规定时间和场所传递信息，以达成建立价值认知和提升销量的目的。

⑤销售终端。销售终端既是消费发生的地方，也是向用户全方位输出信息、建立价值认知的重要空间。用户处于销售终端，所获得的体验是沉浸式的，从门店空间大小到服务人员形象，所有信息都来自销售终端的每一个细节，因此经营者需要对门店包含的要素进行细致考量。

（2）价值营销方法

价值营销方法主要集中于两个端口：一是产品创新端，其目的是为用户创造价值；二是消费者传播端，传播价值认知并针对不同的价值主体持续输出价值，根据业务需求分别组织产品营销和品牌营销，确保有的放矢地发挥营销作用。

企业负责人需要在决策和执行营销策略的过程中对长期效益和短期效益进行

平衡。过度追求短期的量化指标，片面追求市场占有率，难免舍本逐末，会使企业陷入困境，只有提高用户对产品的价值认知，才能让企业经营产生价值。价值营销方法如图 1-2 所示。

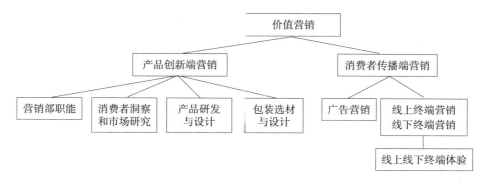

图 1-2　价值营销方法

（三）品牌营销的策略和工具

1. 间接品牌联想杠杆策略

间接品牌联想杠杆策略是凯勒品牌理论体系较为重要的一项贡献。间接品牌联想杠杆运用消费者大脑中产生联想的机制，让品牌与特定事物之间产生关联，当消费者通过某种方式联想到该特定事物时，会推论出这类事物的特点同样适用于被联想的品牌，这时相关事物的联想也就传达给了品牌。总之，消费者发现品牌和特定事物之间的共同点越多，他们就越有可能将特定事物的特点迁移至品牌上。这种方式不仅能强化品牌原有的联想，还能增添品牌新的联想。简言之，就是品牌借用其他事物，如名人、专业机构认证、某种令人向往的生活方式等建立一个独特的、强有力的、正面积极的品牌联想。

另外，在使用间接品牌联想杠杆时也存在一定的风险，因为任何实体都可能存在着与品牌不相关甚至有害的属性，这会使得间接品牌联想过程本身很难控制。同时，不同的消费者对实体存在不一样的认知，这种差异性也很难控制。

2. 企业与消费者协同品牌化战略

企业从战略角度确定品牌定位与价值，形成品牌战略，然后通过大众传媒展示自己品牌的形象与定位。消费者可以通过媒体平台观看企业发布的品牌形象广告、产品推广信息等，也可以了解其他消费者对品牌产品的评价。同时，企业通过媒体平台迅速了解消费者对产品的需求，从而了解市场动态，调整企业品牌定位，并推出符合消费者真实需求的品牌战略。最终，企业与消费者之间达到一个和谐、可持续的共建品牌的状态。

企业与消费者协同共建品牌包括企业之间搭建的网络平台、消费者之间搭建的社交网络平台，以及企业与消费者之间通过社交平台交互生成内容。企业与消费者在高度互联的情景下，持续互动并交换信息，不断达成阶段性共识并共创品牌价值。在社交网络不断壮大的环境下，消费者群体通过社交媒体提出的产品需求等，为企业创建品牌提供支撑，同时，企业通过发布信息、接受需求与反馈、完善品牌等环节推进品牌的更新迭代。

3. 品牌跨界合作策略

品牌跨界合作是指两个或两个以上消费者高度认可的不同领域的品牌之间开展商务合作的一种方法，每个参与其中的品牌名称均被保留。合作的期限有长期也有短期。在这里，跨界强调了合作品牌所处的行业及产品类别存在较大的差别，需要通过创新思维找出两类产品的连接点。这一策略对重新塑造老品牌的品牌形象有着积极的意义。

4. 品牌定位知觉图

知觉图是用于品牌定位的直观且简洁的分析工具。企业通过使用平面二维坐标图，将各类与品牌形象关联的标签进行对比。首先，确定品牌在消费者心目中的特征。品牌特征能使消费者很容易地区分出各品牌之间的差异。其次，通过市场调查的方法将消费者对各品牌在关键因子上的表现进行量化。

通过知觉图，企业能明确自身品牌在市场上的位置并了解自身品牌与竞争品牌的差异。同时，若发觉目前品牌在市场上的形象与企业的定位存在差异，说明品牌在市场营销过程中存在问题，企业可以据此改进市场营销策略。

第二节　现代品牌营销的特征

一、强调品牌差异性

与传统营销不同的是，品牌营销的目标是更难以量化的、虚拟的企业品牌，而不是有形的产品或者特定的服务，更为强调本企业与其他企业的差异性。同时，品牌营销的目标也并非通过宣传将产品或服务销售给客户，而是将企业文化、理念、形象根植于客户心中，在客户的脑海中打造企业形象，这是一种简化、抽象的过程。品牌营销的结果是建立企业与客户的虚拟桥梁。此外，企业的营销行为或者具有正向效应的其他行为能够引导客户在心中形成对企业的良好印象，从而反馈到企业的经营绩效上。

在传统意义上，营销属于企业的前端行为，通过营销，企业将产品或服务销售给客户，从而获得利润。在理论层面，STP（S、T、P 分别是 segmentation、targeting、positioning 三个英文单词的缩写，具体指市场细分、目标市场和市场定位）理论成为传统营销活动的支撑。实践中，企业对企业（business to business，B2B）模式下的营销策略大多围绕客户关系展开，且拓展业务也多通过业务人员之间的资源流转或者直接与垂直的潜在客户建立关系，抑或直接引进带有客户资源的销售团队。但是，传统的营销方式已经不再适用于企业当下的发展，在企业业务拓展过程中缺乏显著区别于他人的竞争力。随着行业内竞争者的增加，产品相似性也会提高，同质性在竞争过程中也增加了竞争的压力。在这种情况下，企业如果盲目地投入营销成本，就会造成成本收益率低的结局。此时，提升品牌价值是企业的明智选择，强调本品牌与其他品牌的差异性，从而提高品牌的竞争力。

二、强调品牌重视度

相对而言，我国对品牌营销的研究起步较晚，得到业内的重视也较晚。在实践中，企业的注意力往往集中在普通营销工作上，而忽略了品牌营销工作。此外，品牌营销的成果无法在第一时间体现在企业的利润上，具有一定的滞后性，也进一步造成了企业对品牌营销的忽略。因此，企业只有在面对激烈的同质化竞争而很难突破瓶颈时，才会塑造品牌形象，从而开拓市场。在此背景下，强调品牌重视度已成为品牌营销的重要特征之一。

当下，企业品牌营销的难点之一便是专业品牌营销人员的匮乏，导致品牌营销成本投入高而成效低，更多的企业选择生搬硬套业内竞争者的营销模式，却忽略了自身的核心竞争力与主推产品或服务的特点。当然，也有把握时代潮流的企业嗅到了品牌营销的先机，从起步阶段更注重企业形象的塑造，重视品牌资产的积累，从而在同行业品牌竞争中占得先机。

三、强调品牌影响力和品牌扩张

品牌就像现代社会的一个魔方，它抽象而又具体，真实可感而又难以备述。企业追逐它，消费者拥戴它，根本的原因就在于品牌本身的功能价值，尤其是那些具有市场影响力的著名品牌，无论对企业还是对消费者来说，都具有超越性的意义。从营销角度看，这些著名品牌不仅能为消费者带来相应的满足，而且能有效地帮助企业提升品牌影响力和实现品牌扩张。

四、强调品牌资产与品牌管理

在现代企业运营中，品牌不仅是一种有效的企业运作方式，而且被看作企业的价值性资产。世界上有许多著名的品牌资产评估机构，每年都会根据相应的指标体系对世界著名品牌进行评价，并公开发布品牌资产价值。品牌资产在一定程度上代表了企业品牌运作的成就以及这个品牌能产生的影响力和获利能力，而对品牌资产进行科学有效的管理，则能够维护品牌利益并保持品牌的良性发展。

严格意义上说，强化品牌资产归根到底就是要让品牌所拥有的顾客和消费群体不断意识到品牌的存在，并能够体会到品牌的价值，而这些都需要通过相应的品牌营销活动来完成。品牌管理的本质就是对品牌资产的日常维护和不断提升，实施品牌管理是建立品牌进而维护品牌关系和品牌利益，并保证品牌价值持续增长的基本需要。为了保证品牌价值和品牌效应的稳定与持续提升，人们针对品牌资产管理规定了三项基本的管理任务，即品牌加强、品牌复苏和品牌危机。

第三节 "互联网 +"背景下的竞争特点

在互联网时代，企业所处的市场竞争环境发生了翻天覆地的变化。传统的经营理念和经验不断被颠覆，这种颠覆本质上是对传统产业核心要素的重新分配，是生产关系的重构，由此引发企业所处的竞争环境更加激烈，维持"永续经营"也越发困难。

互联网时代最重要的变化就是"信息市场"的完全效率化。"信息市场"的完全效率化是指在虚拟的网络空间中形成信息发布或交易的市场，在这个市场中，信息的传播呈现大量、瞬时、经济全球化和几乎无偿获得的显著特征。

通过理顺企业在"互联网 +"背景下的竞争特点，从激烈的竞争中找到强有力的依托点，构建核心竞争力群组，有利于实现可持续盈利和发展的目标。

一、互联网融合

如今，互联网已经成为各个领域必不可少的一种工具，尤其是在社会与经济发展的领域。作为一种跨时代的产物，互联网俨然成为产业经济发展及转型的内在驱动力，改变了产业价值链内部各个节点之间信息交流、交换的方式，解决了信息不对称造成的市场供求关系混乱和效率低的问题，促进了产业的升级转型和社会经济的发展。

政策支持互联网行业在我国的快速发展。2022年1月，国务院印发《"十四五"数字经济发展规划》，明确了"十四五"时期推动数字经济健康发展的指导思想、基本原则、发展目标、重点任务和保障措施，使数字化成为我国经济发展的新动力。

根据中国互联网络信息中心发布的第51次《中国互联网络发展状况统计报告》，截至2022年12月，我国网民规模为10.67亿人，较2021年12月新增网民3549万人；互联网普及率达75.6%，较2021年12月提升2.6个百分点。总体来看，互联网行业增长态势迅猛，这是我国互联网建设有效性的体现。

手机作为现如今最为便捷的通信终端，提升了用户的使用感和通信效率，各个行业也在加强与其关联行业的合作，投入手机终端应用软件的开发，从而提升用户的使用感，也为自己带来效益。

从网民的城乡结构来看，城镇网民的比例高于农村地区的网民。从2019年6月开始，农村地区的互联网普及率上升趋势明显，这离不开我国数字新基建的加速发展。"互联网+"提出后，农村数字化治理效能不断提高，对农业农村信息化建设起到良好的促进作用。因此，农村地区的互联网经济有着巨大的发展潜力。

基于此，我国在互联网融合方面也取得了巨大的进步。2012年，易观第五届移动互联网博览会在北京召开，会议第一次提出"互联网+"的概念，对传统行业与互联网的融合做出了创新贡献，推动了许多传统行业的商业模式的改变，同时创造了新的机遇与挑战。全国人大代表马化腾在2015年3月的全国两会上，提交了《关于以"互联网+"为驱动，推进我国经济社会创新发展的建议》的议案，发出了促进互联网与传统行业相结合的新声音。2015年7月印发的《国务院关于积极推进"互联网+"行动的指导意见》对"互联网+"的内涵进行了诠释，突出了互联网的创新对经济的推动作用。这一推动作用体现在技术层面、效率层面、组织层面等，赋能实体经济的生产力和创造力，形成经济社会发展的新形态，而这一新形态的基础就是互联网。2020年《政府工作报告》中提出要"全面推进'互联网+'"，突出数字经济给社会进步带来的新优势。

总的来讲，互联网极大地改变了人们的生活方式，对行业发展更是产生了极大的影响，细数中国知名的成功企业，鲜有不被互联网化的，如从我们最熟悉的天猫、淘宝、京东（"互联网+购物"）到美团外卖、饿了么（"互联网+外卖"），从滴滴打车、神州租车（"互联网＋出行"）到携程、途牛旅游（"互联网＋航空酒店服务"）等。

未来，企业如何才能在互联网的浪潮中博得一席之地？很多人认为，与互联网融合很简单，无非开个网店，把产品或服务放到网上。这种想法没问题，可互联网融合绝不单单是这些，更重要的是企业在未来发展和经营过程中，用互联网思维代替传统的思维，改变传统的经营业态，创造新的商业模式。

二、营销无边界

营销是企业生存的必要手段，在传统的营销中，企业运用4P理论可以很快找到企业的最佳营销方案，但在互联网蓬勃发展的今天，虽然传统的营销常识依然为企业提供着理论支撑，但原有规则的有效性降低，市场营销开始进入无边界时代，具体表现如下：

第一，行业的界限变得越来越模糊。科技、信息、互联网的快速发展，已经打通了行业之间、企业之间的壁垒，使得各个行业互相融合、互相渗透。特别是那些拥有互联网背景的新型企业，我们已经很难界定它们的边界在哪里。

第二，市场进入无边界竞争。我们正处在一个瞬息万变的环境中，互联网的出现打破了原有的竞争法则，企业与企业之间的市场竞争不再单纯是同质化产品之间的比拼，更多趋向于没有边界的竞争。因此，如今市场上真正让人难以招架的不是体量上的差距，而是思维上的变革。

今天，借助信息科技，许多新兴企业涌现并快速成长，它们摒弃了过往"只有定位准确，才能实现营销"的固有思维，成为传统行业有力的竞争者。所以说，市场无边界，竞争也无边界。

三、开放与免费

社交用的微信、QQ，搜索用的百度、搜狗，导航用的高德地图、百度地图，获取新闻的门户网站新浪、搜狐、网易等，在用户的使用过程中不收取任何费用（除用户购买平台上的产品外），人们已经习惯了这些免费的服务。

因此，互联网时代最鲜明的特点就是开放与免费。也正是该特点使得许多互联网新兴企业可以在极短的时间内达到传统企业无法企及的体量。

通过这一对比，我们可以清晰地了解到，在互联网时代，企业的竞争不再是单纯的价格之争、质量之争和数量之争，更多的是商业模式的竞争。

四、大数据运用

互联网技术的快速发展使得数据量呈爆发式增长，大数据应运而生。大数据的出现彻底改变了旧的商业模式和组织管理方式，成为全球发展的新焦点。数据成为新时代重要的生产要素，是国家基础性战略资源。

2009 年起，"大数据"成为科技领域的新鲜热词，麦肯锡公司最早收集和分析大数据并对其应用进行详尽报告，之后大数据逐渐进入社会经济生活，如今大数据已经成为各级政府关注的热点。

《中华人民共和国国民经济和社会发展第十三个五年规划纲要》中提出"实施国家大数据战略"，推进大数据等新技术的发展，发挥大数据资源的基础作用和创新的引领作用。2016 年国家发展和改革委员会提出要推进数据资源开放共享，依托重大项目培养新业态。

2021 年工业和信息化部针对大数据产业印发《"十四五"大数据产业发展规划》，要求到 2025 年，大数据产业测算规模突破 3 万亿元，年均复合增长率保持在 25% 左右，基本形成创新力强、附加值高、自主可控的现代化大数据产业体系。在此背景下，企业加快培育自身大数据能力，建设大数据应用平台，探索新模式、新业态，开发技术领先、应用广泛的大数据产品和服务，大数据所带来的广阔市场机会带动了企业的发展。大数据分析将来自企业内外部的原始数据转化为对客户的有用洞察力，并帮助企业寻找市场中消费者行为的隐藏模式。企业通过对大数据的获取、存储、整合、处理等能够发现数据的潜藏价值，从而实现企业流程的优化，获得持续性的竞争优势。在当今的高动态环境下，经营成本上升、居民消费需求下降和延迟等一系列国内外环境的不确定性因素增加，企业深陷经营危机的风险随之增加，培育和提升企业的大数据能力、巩固企业绩效、保持长久的竞争优势成为关键。

五、周期在缩短

美国极具营销理念的管理学家伊查克·爱迪思（Ichak Adizes）创立了企业生命周期理论，该理论的核心是企业的发展与成长的动态轨迹，包括发展、成长、成熟、衰退几个阶段，每个阶段的周期大约为 3 年。这一理论在很长时间内深深影响着企业的发展历程。

首先，经济全球化和企业间的激烈竞争是缩短企业成长周期和产品生命周期的重要原因。世界经济全球化的趋势对各国来说，一方面是商机的增加，另一方面意味着竞争的加剧。在世界经济全球化的发展中，美国、欧洲、日本等发达资本主义国家和地区仍处于主导地位，但发达国家在经济、科技、市场等方面的竞争将越发激烈，资本主义经济不平衡发展规律仍在发挥基础性作用。面对经济全球化带来的机遇与挑战，少数发展中国家将会充分发挥优势，在国际市场竞争中进行产业结构升级，成为新兴工业化国家。因此，经济全球化进程将导致各国经济发展不平衡，甚至一些经济体可能被"边缘化"。经济全球化进程将进一步诱发企业间越来越激烈的竞争，促使企业不断创新技术和营销手段，在最短的时间内占领国际市场。这一方面促进了消费者的全球消费同步，另一方面刺激了企业在技术和管理方面的进一步创新。各企业为了满足消费者不断变化的个性化需求，必须缩短其新产品的开发周期，以便更快地抢占市场份额，减少研发成本，最终赢得消费者的青睐。

其次，信息技术的飞速发展为缩短企业成长周期和产品生命周期提供了重要的条件。信息技术是在人们认识和改造自然的生产活动过程中积累的经验、知识和技能的信息结合体。它是一个获取信息、传递信息、存储信息、处理信息、规范信息的过程，也是体现这些经验、知识和技能的劳动资料。现代信息技术的最大特点是对人的信息功能的拓展和延伸，使得人类在信息交流和传播方面耗费的时间大大缩短。现代信息技术是以微电子技术为基础的计算机技术与通信技术相结合而形成的现代技术，它是一种能够获取、处理、存储、传输和利用声音、图像、文字、数字及各种传感信号的信息技术。信息技术提高了新产品开发的效率。通过互联网，企业可以在全球范围内形成虚拟研发组织，这极大地提高了企业的技术创新能力，极大地缩短了企业成长周期和产品生命周期。

由此可见，企业都在加快更新迭代的速度，规模再大的企业也难以在滚滚巨浪中幸免。我们正处在一个信息技术发展速度惊人的时代，这个时代充满了机遇和挑战。能否在竞争日益加剧、规则渐渐模糊的市场环境中快速创新并适应经济发展的趋势，已经成为企业成败的关键。

六、颠覆性创新

当前，新一轮科技革命和产业变革蓬勃兴起，全球科技创新进入密集活跃期，加快创新型国家建设成为我国新形势下的重要战略部署。在建设创新型国家的过程中，"企业是创新的主体"已成为社会各界的共识。

随着科技的不断进步，颠覆性创新技术层出不穷，新产业、新业态相继涌现。当前的时代特征给我国企业带来新发展机遇的同时，也考验着企业在面对环境深刻变革时的自主创新能力。创新洞察管理顾问公司（Innosight）的创始人、哈佛大学商学院的商业管理教授、创新大师克莱顿·克里斯坦森（Clayton M. Christensen）首次提出颠覆性创新的概念，他通过分析美国磁盘驱动器市场、轮胎市场、影印市场等多个市场，发现后进中小企业通过进军新市场实现对行业领军企业的赶超，而在位企业由于路径依赖、过度关注主流客户当下需求、成本庞大等，决策时往往侧重于采取对当下主流市场最有益的做法，抑或缺少在"未知市场"投入成本的勇气，因而忽视对未来市场变化的洞悉与投入。而后克里斯坦森教授较为系统地对颠覆性创新理论进行了阐释，强调利基市场与新兴市场的重要性，倡导创业企业、后进企业应前瞻性地洞悉未来市场需求，通过资源配置与交互式学习，开拓匹配颠覆性创新技术的新市场，以实现"弯道超越"。

颠覆性创新被视为第四次科技革命的动力引擎，通过颠覆性创新创造价值，进而获取持续的竞争优势成为各个国家和地区发展的重要战略。由此可见，颠覆性创新理论不仅能为我国后进企业打开新市场、获取竞争优势提供新的行动指南，也对我国追赶科技前沿、提升综合国力有着极其重要的指导意义，其重要性不言而喻。

"颠覆"是对一种在传统认知中几乎不可能实现的结果的描述。在互联网时代，企业创新是必要的，竞争日益激烈的市场经济环境迫使企业不断进行自我颠覆，否则随时有可能被其他企业颠覆。因此，进行颠覆性创新是企业刻不容缓的工作。

七、平台化转型

自互联网出现以来，移动应用、大数据和云计算等互联网技术引领信息技术产业的快速变革，不仅改变了人们的日常生活，也改变了社会的产业发展与企业的运作模式。由此，受互联网带来的经济全球化和信息化的驱动，平台化已经成为企业发展的主流模式。纵观当今具备成功商业模式的互联网企业，如百度、阿里巴巴、腾讯、携程、京东等，都实施了平台化战略，保持了相对于传统行业甚至同行业的竞争优势，并因实现平台化而收获了丰厚的利润。在万物互联的时代，因平台具有革命性、颠覆性、渗透性的特点以及极大的经济价值和竞争优势，平台革命席卷全球，平台战略如日中天。

平台的模式和技术日趋成熟。在模式方面，软件产业生态系统的核心由平台构成，软件市场的竞争从传统的基础软件向平台的应用扩展，软件传统产业水平分工的特点面临严峻考验，具有垂直互联特点的产业系统成为新的发展模式；在技术方面，移动业务从个人应用迅速向企业市场延伸，而企业业务正在迅速引入基于云计算、大数据、社交化和物联网的架构，企业应用的主流终端将会变成移动终端，由此，软件及信息技术产业布局将会发生全新的改变。同时，软件企业面对持续上升的人力成本问题，就必须转变传统的业务模式，向平台型和服务型模式转变，以及需要加速与横向、纵向等业务的融合创新。大数据是互联网时代的基石，数据就是经济，能够创造价值。要想更好地掌握和运用数据，企业就需要进行平台化转型。

平台企业是指基于互联网经济和技术，通过实现供需双方的要求而进行并达成交易，同时以赚取服务费为盈利目标的企业。平台企业目前作为新型的经济型组织，依靠互联网、物联网、云计算、大数据及网络经济等技术得以快速发展。

平台是一个真实的或虚拟的交易空间和场所，可以让双方甚至多方在此进行交易。平台战略框架是一个系统结构，包括多个方面的内容，而且这些方面互相关联：连接多边市场，明确核心盈利政策；运营平台机制，发展用户应用规模，激活网络效应，发展和升级生态环境；汇聚多方群体资源，促进互动和融通，增强用户归属感，并且通过满足个性化需求提升生态圈的质量；规划核心盈利模式，打造持续性发展新格局，并且运用覆盖战略促进平台的发展。

①多边市场。平台模式改变了传统单向流动的价值链，通过平台搭建起来的生态圈，不再是单纯的仅有一方供应成本，另一方单链路地获取收入的模式，而是每一方都可能同时代表着彼此的收入和成本。平台企业需要同时制定能够融合多方群体的模式，每一方都能获利，这样才能发展和扩大用户规模。

②网络效应。网络效应是建立生态圈的基础单元。平台模式中的网络效应分为两类：一类是同边网络效应，一类是跨边网络效应。同边网络效应是指某一边市场群体发生用户规模大幅增长的同时，也会影响同一边群体内的相关使用者得到的效用。跨边网络效应是指一边市场群体发生用户规模增长的同时，也会带动平台另一边用户群体得到的效用。生态圈要想发展，就需要激活网络效应，增强用户规模，平台需要制定配套机制吸引用户不断加入，并且保持正向效用的增长。

③盈利模式。平台企业的盈利方式具有持续衍生和转化以及多元化的特点，根基来自多边群体互补需求产生的网络效应，盈利的本质就是找到双方引力的价值点。同时，信息处理的数据收集、数据加工、数据挖掘和数据分析实现的精准

营销，对于平台持续盈利具有非常重要的意义。

④生态圈。平台要想长期可持续发展，需要搭建多方共赢的生态圈，这也是平台化战略发展的最高目标。消费者或客户是整个平台生态圈的能量源泉，正如太阳为地球这个生态圈提供充足的养分和能量一样，客户群体为整个平台生态圈提供生生不息的"动力"。所以，平台生态圈的规则及框架，需要围绕客户群体构建，并且需要合理、合规和科学设计，才能保持生态圈健康的运转和发展。

⑤补贴政策。平台企业为市场某一远群体提供费用补贴，激发该群体进入平台生态圈，这是平台化战略的核心。平台设置"付费方"和"被补贴方"，是战略性选择，也是保持平台对多市场群体激活强大吸引力的策略。

平台化战略转型具有重要的战略意义，具体表现在以下两个方面：

一是为企业创造巨大的市场。互联网发展催生了大量网络用户，培养了其网络消费习惯。市场即客户需求，客户需求在数字化时代体现为网络流量，平台就是汇聚客户流量的最佳模式。平台化模式可以吸引和汇聚客户流量，平台提供的全面、及时、准确的服务，可以让客户在平台驻留，从而形成网络效应，最终创造出庞大的市场和资源。

二是提升企业的技术创新能力。平台汇聚客户流量，靠的是平台框架和技术的聚合优化。平台不仅能够帮助企业实现技术、人力、经济甚至业务的有效整合，提高供应链环节的运作效率，还拓展了软件领域市场，提高了技术的创新能力。同时，平台还能吸引更多的商家资源入驻，极大地帮助企业扩大业务范围，形成了强大的竞争优势，提升了企业在国内外市场的竞争力。

八、去中介化 [①]

简单来说，中介就是以提供不对称信息而盈利的服务环节。例如，房屋中介搜集大量房屋信息，向购房客户进行推荐，这就是典型的中介行为。

去中介化并不是将市场上的中介全部去除，而是通过超级信息媒介互联网，取代以独立的个人和机构为主体的收费信息中介。互联网的优势在于可以让信息变得足够廉价，不断缩小个人收费信息中介的生存空间，所以去中介化并不是去掉所有中间环节。

去中介化对于企业在互联网时代的竞争有三个方面的好处。

---

① 石泽杰.引爆互联网营销[M].北京：知识产权出版社，2018.

一是节省交易成本，能使多方受益。去中介化最直接的优势就是去除了中间环节，供需双方直接对接，节省了时间、人力、物力等成本，能够直接惠及交易双方。

二是大数据能为行业出谋划策。互联网最大的特点就是数据化，"互联网＋"不仅仅将互联网应用于传统行业，也将各种计算、数据反馈给行业本身，促进行业创新。当去中介化被广泛应用于某个领域时，该领域便可以利用互联网平台的大数据去监测行业发展走向，为行业发展提供客观参考。在大数据时代，信息实现了透明化和数据化，上游企业可以直接以数据为指导、以互联网为媒介来制订营销计划，实现产品的定制化和高效化。

三是透明化有利于行业转型升级。去中介化可缩短交易链条，避免过多的人为参与，交易过程会被清晰地记录在互联网上，人们可随时查看，这在一定程度上保证了交易的透明度，有助于行业整体水平的提升。例如，一些消费者对消费者（consumer to consumer，C2C）电子商务平台的收费透明，整个交易过程没有其他收费环节，直接避免了暗箱操作下的高额中介费，为交易双方降低了交易成本，也带动了整个行业的发展。

九、数字化转型

随着时代的发展，以数字化、智能化、服务化和绿色化为主要特征的新一轮信息化浪潮来袭，党的十九大报告明确提出"推动互联网、大数据、人工智能和实体经济深度融合……促进我国产业迈向全球价值链中高端"。《国务院关于加快发展生产性服务业促进产业结构调整升级的指导意见》（国发〔2014〕26号）进一步提出，促进我国产业逐步由生产制造型向生产服务型转变。一系列有关企业数字化转型的政策文件陆续出台，可见企业进行数字化转型已是大势所趋，成为我国建设数字强国的重要举措。

数字经济作为一种新兴的经济形态，需要大数据、物联网、云计算和人工智能等先进的数字化技术的支持，而这些技术对传统企业的转型和升级具有十分重要的作用。企业作为经济体系中最为活跃的微观个体，是数字技术研发与应用的主要载体。相关资料显示，进行数字化转型可使制造企业的生产和经营等成本降低17.6%，物流服务等成本减少34.2%，企业可以有效地利用大数据、人工智能等数字技术，打破传统非结构化数据间难以融合的发展壁垒，从而提高数据的可挖掘性，为企业内部运营效率的提升提供一条可行路径。从外部角度看，数字化转型也成为企业维持其产品特性和服务竞争力的重要手段。数字化为企业带来了更多的发展契机，充分利用数字化转型的机会，可以有效提升企业的经营管理能力、生产和服务水平，并有助于企业跨越"数字鸿沟"，实现高效率的经营，凸显核心竞争优势，并获得新的活力。

虽然已经有很多企业走上了数字化转型的道路，把数字化转型作为企业的战略重心，并在企业数字技术、信息设备、系统和人员等方面投入了大量的资金，但当前仅有不到20%的企业转型取得了明显的效果，实现了企业营业收入和销售利润的稳步增长，大部分企业仍然处于转型难以取得实效的窘境。同时，教育业、文娱业、制造业和金融业等行业的数字化转型发展并不均衡，处于价值链下游的行业的数字化转型程度相对较高，而处于价值链上游的制造业发展相对滞后。制造业是一个国家发展的基础，也是一个国家经济发展的关键力量，加快制造业企业的数字化转型，重构当前的价值链体系，并为其创建一个新的增长模式，能够有效帮助我国实现经济的高质量和高水平发展。在产业转型和升级已成为我国经济发展新动力的今天，以创造竞争优势、增加产品价值为基础的服务化也日益成为制造业发展的主要方向。数字化服务就是将数字化和服务化在企业业务流程中相互融合，企业利用数字化技术为服务化业务提供技术支撑，把已有商品和服务产品转化为数字形态，有利于客户获得比传统有形产品更优质的服务产品，从而延长企业的价值链，培养并提高企业自身的核心竞争能力，进而对企业业绩产生重要的影响。由此可见，数字化转型已经成为企业实现可持续发展的一种重要方式，也是企业在产业大潮中立足的必然选择。

行业竞争具有一定程度的外部治理效应，代表企业所处行业的竞争态势，对企业实施创新行为的决策有所影响。在激烈的竞争环境下或当企业实际业绩低于行业竞争期望水平时，管理者可以采用与行业惯例相背离的新战略，通过实施数字化转型战略改善现有产品形态或组织架构，从而提高企业的竞争力。

一方面，数字化转型可以为竞争型行业企业创造更好的创新机会。企业利用大数据、人工智能等新一代的数字化技术或资源，以更低的成本实现信息的分析与决策，挖掘客户潜在需求并提供服务，使得企业内各部分紧密协同合作，从而促使企业资源优化配置。另一方面，实施数字化转型的企业更易受到市场、政府、投资机构等方面的关注，从而获得更多的资源。企业可以借此拓宽融资的渠道，进一步加大研发投入、产品或服务创新，提高企业资源丰富度，从而培养符合市场发展趋势的营销能力，不断加快数字化进程，获取竞争优势。

第四节 "互联网+"使传统营销发生的变化

一、从消费互联到产业互联

2015年《政府工作报告》中明确提出,制定"互联网+"行动计划,推动移动互联网、云计算、大数据、物联网等与现代制造业结合,促进电子商务、工业互联网和互联网金融健康发展,引导互联网企业拓展国际市场。可以说,在确定了大众创业、万众创新和公共产品、公共服务"双引擎"后,"互联网+"经济发展成为新的方向,同时,互联网的接入起到了"润滑剂"的作用,影响到各个行业,尤其是实体产业。

互联网新经济过去主要依靠的是消费互联网,而下一步将主要依靠产业互联网。从本质上看,产业互联网是在消费互联网的基础上向生产、制造端延伸而来的,双方的关系不仅是并列的,也是递进融合的,两者的主要区别如下:一是用户主体不同。终端消费者(C端)是消费互联网的重点对象;企业(B端)则是产业互联网的作用对象,投身于产业互联网的互联网企业往往以平台等身份充当数字化助手,帮助传统企业华丽升级,将最新信息技术运用于研制、加工、通道、客服等全链路,覆盖企业上游供应方、下游分销商和末端用户的全生态。二是动因目标不同。消费互联网关注生活场景、消费体验,使个人的出行、阅读等更方便;产业互联网致力于生产、支付、融资和流通等环节的网络渗透,继而提高生产效率、降低交易成本。还有一种观点认为产业互联网的最终目的是打造现代供应链,这一过程相对漫长,即企业通过物流、金融的互联网化逐渐扩张至全产业链活动的互联网化,最后达到供应链的现代化。三是测算逻辑不同。这是由商业模式差异导致的,消费互联网着力于眼球经济、流量思维,关注日活跃用户数量、月活跃用户数量、成交总额,快速覆盖众多商户;产业互联网关心渗透率、复购率,深耕商户,形成商户全场景的服务链条深度服务,对物联网、大数据等要求更高。

可以说,产业互联网是各个行业具有代表性的骨干企业在行业垂直领域利用前沿信息技术手段进行的互联网应用和创新,有利于不断优化整合产业链各个场景,打通供应链各环节,压缩供应链冗余环节,进而提高供应链各环节的信息响应速度,降低供应链整体运营成本,实现"产供销"一体化发展。

二、从低价格到高价值

大多数传统企业只要产品一滞销，就认为是产品已经缺乏了竞争力，然后急急忙忙地采取加大广告投入和促销力度、升级或淘汰产品等措施，甚至最常用的方法是降价。降价固然可以促进销售，但利润上的损失同样巨大，对品牌形象造成的损伤更是不可估量。在当今这个同质化竞争异常激烈的市场中，通常一家企业降价，竞争对手也会跟着降价，甚至降幅更大。此时，价格这个被认为是"市场终极武器"的手段就将失去作用，甚至会成为压倒企业的"最后一根稻草"。

基于此，被业界誉为"中国营销管理领域创新、实践的先行者"的营销管理专家史光起根据多年的市场实战经验，总结出一套适合中国市场实际情况的顾客让渡操作方法——"让渡营销"。这套方法可以有效地帮助企业在不流失利润的同时，让消费者也能收获满意的商品价值，最终达到双赢的交易结果。可以说，对新时代的企业而言，提升价值比降低价格更有利于推进企业的可持续发展。

三、从理解对手到理解用户

互联网思维的核心要素之一就是用户思维，尤其是进入移动互联网时代后，沟通和交流无处不在，每一个用户都是一个传播源，可以随时随地通过自媒体发声且进行广泛传播。因此，纯粹的互联网思维，就是要从尊重每一个用户的主体性出发，让用户真正成为这个时代的"上帝"。可以说，瞄准用户比盯住对手更重要。

如今，互联网信息的开放性和透明性、互联网服务的大众性和免费性以及互联网带来的全新商业模式都极大地提高了用户的话语权。用户思维绝不仅仅适用于互联网企业，传统企业同样需要践行用户思维。

第二章 "互联网+"背景下品牌营销的策略

随着互联网技术的迅速发展，基于互联网的品牌营销策略逐渐成为企业营销的重要手段。在"互联网+"背景下，企业的品牌营销活动正在发生改变。现阶段，企业要不断探索、创新"互联网+"背景下的营销策略，才能实现自身在网络营销领域保持良好的竞争力，进而促进自身的可持续发展。本章分为"互联网+"背景下的品牌营销原则、"互联网+"背景下的品牌营销规律、"互联网+"背景下的品牌营销方法、"互联网+"背景下的品牌营销产品、"互联网+"背景下的品牌营销模式五部分。

第一节 "互联网+"背景下的品牌营销原则

随着互联网技术的发展，多向互动式的信息流动方式成了网络媒体时代信息传播的特征之一，此时人们接收和分享信息变得更加快捷，但多元的信息充斥在消费者身边，品牌商的营销手段越来越难影响到消费者。"互联网+"背景下的品牌营销离不开以下几个原则。

一、趣味原则

有趣、生动、好玩的信息最能吸引消费者。在趣味原则下，原本枯燥无味的信息被包装得具有娱乐属性，能引起消费者的关注。因此，在实际商业运用中，品牌方会利用设计、文案和视觉娱乐化提高产品的趣味性。通过植入趣味性元素，品牌方不仅可以更加轻松地将信息传递到消费者脑海中，而且能够使消费者留下深刻的印象。

二、互动原则

作为互联网时代的重要特征，互动是品牌方与消费者连接和沟通的有效形式。

互动能够增强消费者对品牌方的熟悉程度，在互动中品牌方能够更加有效地消除消费者的顾虑。新媒体平台是品牌方与消费者进行互动交流的重要场地，如目前火热的直播带货模式正是利用了这种互动性，从产品的熟悉到成交，在主播和消费者的强互动下，观众的购买决策时间大大缩短。

三、公正原则

公正原则是人类一直追求并推崇的一项重要准则。通俗来讲，公正指公平和正义，不管是企业还是消费者都拥有平等的参加机遇、胜出机遇与被选择机遇。在"互联网+"背景下的品牌营销中，社会组织的虚拟化与符号化让整个互联网环境看起来很公平，但其实也包含了一些不公平问题。"互联网+"背景下的品牌营销中存在的大数据"杀熟"正是违反了这一原则的行为，使得消费者受到不公平的待遇。另外，由于公平原则要求公平竞争，各个企业品牌必须在平等的竞争条件下共同被市场评判，从而依据能力承受公平竞争的后果。在"互联网+"背景下的品牌营销中，正是因为各企业之间对网络信息占有的比例是不公平的，所以造成了交易的不平等。怎样在现实社会中做到公平，尤其是解决一直存在的不公平现象，并不存在一劳永逸的办法。在促进网络科技快速发展和广泛应用，并对人与社会带来革命性、颠覆性的改变时，我们需要"以人为中心"坚持公正原则，既遏制资本的贪婪成性和为所欲为，也防止技术的漠视人性与横冲直撞，从而让每一个人都拥有平等地接触、合理地运用网络工具的机会，企业可以按自身的意愿正确利用互联网推广品牌，而消费者能够通过互联网挑选到物美价廉的商品。

网络技术和资本在一定程度上遮蔽了人们的双眼，导致消费者在浑然不知中被杀熟，不同的人被区别对待，严重侵犯了消费者的权益，违反了公正原则，因此公开透明应该是必然要求。公开透明应该成为品牌营销原则的基石。

要满足公开透明的要求，就需要让大众知悉、明白算法技术的原理，并强化对算法技术的宣传，算法技术的开发人员对此应负有道德责任。将数据技术透明化，公布数据的源头、使用情况、技术模型，并推行同行监督机制，使消费者及信息提供者提前知晓，能够防止算法暗箱操作，防止价格歧视和偏见的出现。同时，公开透明的要求体现了个人主体性，有利于彼此尊重和信任。在重要交易中，透明是最基本的要求，体现着交易双方的信任和尊重。秉持公开透明的原则，能使企业的品牌营销活动达到真正意义上的公平、公正。

四、个性原则

在当下以个性化为特征的时代，品牌方采用个性化营销手段为产品及品牌赋予多样化的个性，能够使消费者在购物体验中出现类似"焦点关注"的满足感，在这种愉悦的购物环境中，消费者的购物欲望将得到有效放大。在个性原则的指导下，品牌方的市场研究将更加关注消费者的兴趣偏好、行为习惯等信息，根据信息建立用户画像，基于画像结合企业特点打造个性化的产品或服务，让消费者感到品牌方的产品或服务就是为其量身打造的，从而增强品牌印象，促成交易。

五、诚信原则

诚信即真诚守信。《孟子·离娄章句上》中记述："诚者，天之道也；思诚者，人之道也。"周敦颐在《周子全书》里写道："诚，五常之本，百行之源也。"孔子也在《论语·为政》中指出："人而无信，不知其可也。"上述均说明了诚信的重要性。诚信是人类道德谱系中最基础的部分，而诚信原则在经济发展过程中占有重要地位。在古代，我国的商帮坚持守信承诺、讲究信誉的道德规范，才会获得巨大成就，在商业历史中留有重要的印迹。在现代社会，信用更是企业在运营中的道义导向，是企业安身立命之本。一家有信用的企业，可以迅速收获大量顾客，赢得商业声誉，从而扎根于市场，打造自身特有的品牌优势。

在"互联网+"背景下，现代企业大多会使用网络进行营销，而虚拟且复杂的网络属性使得人们对其无法充分信任，因此品牌营销中的诚信就显得格外重要。消费者在网络上选择某些自己并不了解的产品时，因为没有直接的感官感受，不会选择立刻相信，所以抛开企业自身的宣传手段后，人们往往倾向搜集别人在网络上的实际评价。一家讲求信用的企业及其品牌，所得到的评价通常是正面的、积极的；而一家视诚信为无物的企业，尽管有机会在短期内获取巨大收益，但长期而言消费者仍然会对它持否定态度，所以"品牌口碑"的作用在网络营销中尤其关键。"诚招天下客"是销售的胜利方式，想要不败给竞争对手，需要凭借诚信这一品德。"信誉""品牌""口碑"的形成，无一不是靠长期的信用实现的。企业在推行品牌营销的过程中，必须重视诚信原则，坚持以诚待人，处理好各方利益关系，只有这样才能在市场中立于不败之地，赢得优质品牌口碑，从而长期地发展壮大。

在我国网购服务评价体系建设中，诚信原则主要表现为以下三个层次：

首先，对网上的商品给出真实的评价。消费者在消费体验后所做出的实际评判，以及提供的实际评估信息，是实现网购服务评价体系真实价值的前提。

其次，严守约定。不管是网络经营者还是消费者，在初入购物平台前都会以网络文件方式签订授权同意书，以表玥对网购交易规则的接受与遵从。网购服务评价体系的研究人员和管理人员也必须通过行业默认标准或其他方法表示对业内规范的遵从。网购服务评价体系的参加者，既然都进行了各种形式的承诺，就应该保持言行一致，并且严格遵守网购服务评价体系的有关规定。

最后，相互信任。商家必须完全认可并相信顾客给予的评价结果，以诚相待，并依照顾客的意见改善店铺状况。顾客要以信任商家的态度来表露自己的切实感受。树立信任关系在商家和顾客之间是必不可少的，信任其他顾客的购物评论信息，在购买商品时可以放心参考他人评价。在具体的实施过程中，多方努力必不可少，信守诺言、互相信赖、真实评价，做到真正的诚实守信。

六、利益原则

企业掌握个性、趣味和互动营销策略，无疑能够吸引消费者，拉近品牌方和消费者的距离。然而，消费者的消费理念越发趋于理性，对企业而言，营利是其根本目的。对消费者来说，利益可以是物质上的激励，如打折、返点、促销等，同时，利益也可以是心理上的满足，如等级、成就、称号等。因此，在利益原则的指导下，企业不仅可以通过物质方面的刺激吸引消费者，还可以将情感营销、体验营销等融入营销设计，利用"利益"不断拉近与消费者的距离。

七、责任原则

德国哲学家马克斯·韦伯（Max Weber）最早提出的责任伦理，是指当事人应该把自身行为的可能结果列入其考虑范畴，并为其承担责任。从责任原则的视角来看隐私权的保护，在品牌营销过程中实行伦理治理，需要结合权利与责任，做到谁搜集使用谁来负责。可以说，技术进步带来的消极影响从根本上来说是人们没有承担相应责任的结果。这就要求网络技术使用者考虑到相应的结果，承担起相应的责任。大数据分析是一种新型信息技术，人们不能只看到大数据算法的积极影响而忽略其消极影响，特别是对隐私权的侵犯。但这种消极的结果也必然需要人们来担责。因为在大数据社会，大数据收集者、大数据用户都是与大数据生产商隔离开来的，并且信息可以被不断地二次使用，这也造成了人们的隐私信息可以被不断地重复使用。所以，应当贯彻谁搜集使用谁来负责的原则。

企业在品牌营销过程中搜集和使用用户的数据时必须遵循知情同意原则，告知消费者实际情况，且对此负责。知情同意的理论也扎根于契约自治思想当中。作为一项跨越公法和私法、适用于诸多行业的制度设计，知情同意经受了时间的检验，现已成为全世界广泛认可且在立法文本中被明确规定。人们通过网络平台选择产品或服务时享有隐私信息的知情权。在实际生活中，一般公众难免会遇到需要透露个人隐私信息的情况，如人们在订酒店、买机票时需要出示个人信息，而对于这些个人信息的提供是否有其必然性，收集信息的具体程度、方式和目的等，消费者都必须了解。从出台法律法规的角度来说，要对关于隐私权和知情权的法律法规做出更具体的规定，进而明晰信息获取者和使用方的责任权限。

消费者应拥有自主选择自己的数据信息是否公开共享的权利。因为消费者并非大数据技术的"奴隶"和"牺牲品"，而为人们服务的信息技术公司也应该永远以人为主导和服务对象，并尊重人的权利。大数据的提供、获取、利用都是消费者和网络平台之间的互动过程，而网络平台所提供的服务不可强行绑定用户隐私信息，因此如果网络平台发布的应用规范有失公允，信息主体也有权选择取消服务。这就需要有关的软件企业、组织，在收集用户个人信息时把应用条约内容清楚地呈现给消费者，消费者可以自主选择数据公开与否。在消费者实际使用应用平台的服务时，不得因为消费者拒绝接受把个人信息提供给第三方而终止服务，从而导致私密数据内容强制发布等。同时，对于因被动公开个人隐私而带来的损失，消费者也有权追加索赔。

隐私信息要从根源确定个人信息资料的归属。互联网技术的进步给我们带来了海量的信息，但网络平台能否天生就拥有对其数据信息的使用权这一难题仍亟待人们反思，因此怎样确保接收到的信息不对外共享，帮助和维护消费者的利益，避免信息过度转手传播而导致数据的原始所有者权益遭受侵犯就变得尤为重要。工程师在设计应用程序时应尽量遵循"奥卡姆剃刀原理"（核心思想：如无必要，勿增实体），即尽可能少地收集用户的数据。如果的确需要收集相关的数据，应事先征得用户的同意与授权。隐私信息的所有权可以有效防止信息的二次获取和重复使用，应依法确定归属私人拥有的隐私信息权限，并明确信息的流动区域，通过有关部门安全性评定后的数据才可离境。此外，针对数据重复使用所造成的衍生数据问题，其使用方式也应征得原始数据拥有者的知情和许可。

第二节 "互联网+"背景下的品牌营销规律

与传统媒体和传统传播平台相比，互联网已经成为最便捷、最广泛的品牌信息传播平台。在互联网时代，当一个企业打算打造一个品牌时，明晰品牌营销规律就成了一件非常重要的事情。互联网时代的品牌营销规律主要涉及以下三个方面。

一、品牌定位

（一）品牌定位的概念

品牌定位理论最初是由国际知名营销战略学者、"定位理论之父"杰克·特劳特（Jack Trout）提出的，是指"通过对企业的产品、服务和形象的设计，占据目标客户心中特有的价值地位"。基于传播学理论分析，目标群体的心态是定位的根本出发点，而非产品本身。"定位"所指的并非对产品的定位，而是品牌在客户内心的定位。也就是说，品牌定位是特定品牌适应特定市场的体现，其需要占领客户的内心市场，指引客户在产生购买需求时选取特定品牌产品。基于市场的角度分析，塑造与目标市场需求相配的品牌形象即品牌定位，品牌溢价能力的大小将随品牌定位的高低而变化。

（二）品牌定位的重要性

企业品牌的塑造非常重要，品牌在市场中的定位是企业长期发展战略的一部分，品牌也是企业非常宝贵的隐形资产。品牌定位可以确定企业提供的商品或服务在行业中所处的位置；长期的品牌市场定位可以培养稳定的匹配层次的忠实的消费者；品牌定位还可以帮助企业建立有效的消费生态圈，助力持续性的销售，为企业带来可持续的盈利；在品牌定位稳定且广为消费者所知时，其可以成为企业核心竞争力的一部分。

1.站在企业的角度

企业在品牌创立之初就需要明确品牌定位。企业在开始创立一个品牌时，需要经过一系列谨慎而严格的步骤，如需要审视品牌体现企业和商品特质的内涵，设计品牌的商标、宣传资料、推广方式、展示模式；对比竞争对手在市场上的品牌定位，寻求其中的差异性；制订未来品牌推广的计划。完善而精准的品牌定位会很好地定位未来消费者的层次，引起目标消费者的共鸣，在目标消费者生态圈中迅速传播，新推出的产品系列也可以得到良好、高效的推广。因此，企业创立之初的优秀的品牌定位是企业积累隐形资产和获取盈利的坚实基础。

品牌定位是企业核心竞争力的重要部分，是企业长期发展的原动力。品牌定位实质上就是定位目标客户、抢夺市场份额，进而推进销售的一个过程。企业的一切经营活动本质上就是围绕品牌定位展开的一系列营销活动。消费者从接受品牌到接受产品和企业，进而跟随企业形成消费生态圈，无形之中也为企业形成了竞争壁垒，增加了品牌价值，并且将品牌的独特性从同类产品中凸显出来，进一步扩大了品牌的知名度，从而提升了品牌和企业的整体竞争力。

品牌在市场上的传递，需要品牌的精准定位。企业基于稳定精准的品牌定位，可以制定持续稳定的市场推广战略，可持续性地执行企业的市场计划，还可以在长期的推广之中使消费者留下深刻的印象。如果没有长期坚定的品牌定位，一方面企业的产品和政策会因为变化扰乱消费者的判断，另一方面不能更好地执行围绕品牌制订的市场计划，更有甚者会加大品牌被混淆和被淡化的风险。

2. 站在消费者的角度

消费者可以高效且准确地获取商品的信息。在信息爆炸的互联网时代，各种商品信息无处不在，同类或类似的产品异常丰富，广告信息五花八门，处处存在着干扰和混淆，消费者需要花费大量的时间去甄别和对比，很多时候只能匆忙挑选商品。成功的品牌定位可以事先了解目标消费者对商品的需求，把握消费者挑选产品的习惯，从侧面帮助消费者快速找到适合自己的商品，从而快速做出购买的决定。而且消费者体验良好的品牌会被消费者关注，并产生一定的黏性，消费者在之后选购同类或类似的产品时，就会直接选择并购买该品牌的产品。

消费者可以快速高效地做出购买决定。消费者在网络上购买商品之前，通常会不断地进行商品信息的比较，需要花费大量的时间，决定购买之后，再看产品的质量和品牌宣传是否符合，最终决定是否成为该品牌的长期消费者。首先在购买前，消费者需要大量的时间成本，如果品牌定位准确，抓住了消费者的第一次购买机会，在消费者后续的购买体验和对商品的质量均满意的情况下，品牌的植入就算基本成功了。下一次购买的时候，消费者就会直接省略对比的时间，锁定这一品牌，而且在以后的消费中也会选择该品牌下的商品。从另外一个角度来看，这种品牌定位从一开始就抓住了消费者，更容易让消费者产生对品牌的信任感，从而增强了消费者的黏性，而且消费者会成为品牌亲身体验的有力的宣传者。这种品牌营销的模式将在成本、效率、效果方面做到最好。

（三）品牌定位的影响因素

品牌定位是一个动态的复杂系统，受到很多因素的影响：既有宏观因素，又有微观因素；既有外部因素，又有内部因素；既有一般因素，又有特殊因素；既有确定性因素，又有不确定性因素。为了完成品牌定位的设计，必须对品牌定位的影响因素进行较为系统的考察。在具体实践中，品牌定位的影响因素可以划分为文化因素和非文化因素。

1. 文化因素

（1）区域民族文化

区域民族文化是一定区域内的民族在长期社会实践中创造和发展起来的具有民族形式和特点的文化，民族文化因素决定了区域民众的思维方式和认识准则。在实施品牌定位的过程中，必须充分考虑区域民族文化因素，借此引发消费者对品牌的文化共鸣。

（2）区域社会文化面貌

区域社会文化面貌包括一定区域内民众生活的基本方式，品牌定位必须体现出区域内民众生活的独特个性。在实施品牌定位的具体工作中，区域社会文化面貌是品牌定位成功的关键，只有与区域社会文化面貌紧密联系的品牌定位，才能反映出该区域内消费者个性化的消费需求。

（3）消费者的价值观

消费者的价值观是影响消费者市场购买行为最终决策的关键因素之一。消费者在履行市场行为的过程中，必然会以其主观评价、价值观念、价值趋向和精神追求为基础，并且其个人价值观最终会影响到其价值取向。

（4）企业文化

品牌定位的过程就是企业经营思想、管理理念、企业文化等多种内部思想理念外化的过程。企业文化同时也是企业积累的个性化财富，是构成竞争优势的基石，是企业的核心内容。

2. 非文化因素

（1）企业内部经营状况

品牌定位会受到企业内部经营状况的影响，其中企业的品牌经营战略、产品生命周期、企业资金实力以及企业专有技术等因素对品牌定位的影响较大。同样，品牌的塑造需要资金支持，雄厚的资本不是实施品牌定位的充分条件，却是确保品牌定位成功的重要条件。资本对品牌定位的影响主要通过两个方面来体现：一是通过资本的物质来体现，二是通过资本的规模化效果来体现。

（2）消费者的需求状况

在需求个性化、层次化和多元化的时代，对消费者进行科学全面的分析是品牌定位成功的基础。关注现有消费者的需求趋势，可以帮助企业更好地完成产品的布局，为企业扩展和延伸品牌定位收集重要信息。

（四）品牌定位的原则

1. 消费者需求导向性原则

在品牌定位的过程中，企业要充分考虑到消费者拥有怎样的思维方式和心理诉求，努力地在消费者心中深深地植入该品牌，并得到消费者的认可和支持，从而可以在日后的经营活动中让消费者只要有相应的需求就首先想到其品牌，并进行重复购买，提高企业品牌忠诚度。

2. 价值理念差异化原则

企业应注意目标客户的需求和竞争对手的品牌定位，价值理念必须与竞争对手区分开来，并具有自己的个性，以便使消费者将其品牌与其他企业的品牌区分开来。品牌差异化价值理念，可以通过人、销售渠道、企业产品、售后服务等传递给消费者，给消费者留下不一样的美好体验，从而激发消费者的购买意愿。

3. 动态调整原则

随着经济的发展，市场上出现越来越多的企业，消费者的需求也在不断地变化。因此，所有的定位都不是亘古不变的，也没有一种方法能够使企业永立于市场不败之地。企业必须根据市场情况的变化不断调整和优化品牌，否则最后会因失去竞争力而被市场淘汰，被消费者遗忘。

4. 关键简明原则

不同消费层次的消费者有着不同的消费能力和购买需求，并且他们具有广泛的喜好和消费习惯，因此向消费者传达的理念和目标消费者的实际需求是企业品牌定位的重要出发点。在市场日益细化的背景下，企业要想满足目标消费者的特定需求，需要锁定目标市场，并且细化品牌定位。在品牌定位过程中，企业要准确地抓住品牌的独特之处，并且用直接明了的语言呈现和表达出来。在激烈的市场竞争环境和复杂的生存条件下，企业将面对很多强大的竞争对手，品牌定位和标语具有多样性、简洁性，就会使其更容易被消费者识别和选择。

（五）品牌定位的流程

1. 找位

找位指的是市场定位，主要是指企业在市场中寻找自己的目标市场，并确定自己在目标市场中的位置。此时面临的问题是"企业品牌为谁服务"，并需要将适合的"人"成功找出。可将此阶段划分为三个环节，依次为市场的细分、评估和选择。

（1）逐步对市场进行细分

此时的关键内容无非消费者的需求，这是市场细分的核心，分割消费者整体的市场，进而得到若干个小市场，每个小市场对应的是不同的消费者群体。

（2）对细分后的市场展开评估工作

以细分标准作为参考的依据，逐步对市场进行细分。站在企业的角度来看，细分市场对应的价值存在一定的差异，由此可见，市场评估是确定细分市场前不容忽视的环节。

（3）对不同的目标市场进行选择

企业在对目标市场评估结束后便会进行目标市场的选择，此时要以自身的情况为重要的依据，对目标市场的选择顺序进行排列，从而选择市场。

2. 选位

在选位阶段企业能够对目标群体进行相应的把握，在后续工作中关注的重点则是确定品牌在消费者心中的位置，并逐步将消费者的需求与企业资源相结合，说得更具体一些，就是企业在消费需求多样化的情况下，结合自己的资源或某个特长（与竞争对手相比）去更好地满足消费者的需求。总体而言，品牌与消费者的影响是相互的，消费者需求的满足能够影响其对品牌定位的认可。针对消费者的需求，企业具体在哪个层次进行定位是此阶段需要解决的问题，并且要找到传递定位信息的有效方式。以手段—目的理论为依据，有学者通过研究发现，价值的实现是目标消费者购买产品的目的，无论是价值还是利益，都需要逐步实现。为此在选位阶段，企业可以从价值需求、利益需求和属性需求三个方面对消费者的需求进行深入分析。

（1）价值需求

对价值需求进行细分，有助于企业在品牌定位时进行适当的取舍和阐释。有学者通过研究发现，终极需求和工具需求两种价值是个人价值的重要体现。

（2）利益需求

手段—目的理论对利益进行了细分，心理利益和工具利益两种利益由此形成。企业在对经营活动进行思考与分析的过程中，服务目标客户不容忽视，同时，企业也要思考产生的目标消费者的利益差问题。

（3）属性需求

企业产品的属性对企业利益的实现起着重要的作用，无论是外在的还是内在的属性，都包含在产品属性的范围中，内在属性包括材料、外观及制造等层面，而外在属性则包含品牌、服务及包装等层面，需要依据不同的属性需求进行分析和测度。例如，空调的耗电量只有开启后才能测量；在完成汽车的个性化定制后，其性能需要在启动后才能检测。

3. 到位

到位是向消费者传达品牌定位信息的过程，可应用的渠道较多，包括产品、价格和销售等，进而使品牌在消费者心中占据有利位置。通过对找位、选位、到位等阶段的分析不难看出，品牌定位方案主要是针对参照系形成的，并且是在企业内部实施的。在到位阶段，核心是方案的执行与实施。

4. 调位

关于初次定位形成过程中的调位首先强调的是不断变化的定位参照维度，其次是传递定位信息出现的偏差与不足。调位与大面积的修改定位是完全不同的，调位进行的调整始终以品牌的个性和价值为依据。由于外界变化的影响，无论是对手和消费者的变化动向，还是企业面临的困境与危机，都是调位的重要参照依据。

二、品牌形象和个性塑造

（一）品牌形象塑造

1. 品牌形象的内涵与构成

（1）品牌形象的内涵

从一定程度上而言，品牌形象是跟随品牌产生的，也就是说，品牌会因形象塑造而得到更广泛的传播，一个企业品牌的内涵与价值决定了该企业品牌形象的内涵与价值。可以这样认为：品牌的组成要素在人们心中的印象或者说人们认知中对该品牌的所有联想的组合构造就是品牌形象。由此可知，品牌形象是一个较为综合的概念。具体而言，企业品牌名称、具体产品的属性、品牌标识以及消费者对该品牌的综合评价等品牌构成因素在消费者心中的综合认知和记忆就是品牌形象，同时消费者对品牌所有的感知和反应，如与产品硬性属性或软性属性有关的感受与综合性认知等也是品牌形象。

（2）品牌形象的构成

对于品牌形象的构成要素，至今在理论界尚未形成统一观点，不同的研究者从不同的角度得出了不同的结论。具体而言，关于品牌形象的构成，有些结论偏向于企业形象设计方面，有些则偏向于消费者行为方面。一般来讲，品牌形象是由企业品牌产品、品牌文化等内在形象以及品牌标识、品牌信誉等外在形象共同构成的。

具体而言，品牌产品形象是与企业品牌的功能性特征紧密相关的形象。对消费者而言，一般消费者是根据产品功能对品牌进行识别的。对品牌形象而言，品牌是非常具体并具有特征的，品牌可以满足消费者的物质需求或心理需求，这种使用或情感上的满足与消费者对企业产品功能和特性的认知息息相关，如沃尔沃汽车，其品牌形象——安全轿车就是通过其安全功能充分体现的。所以当消费者对这种具体的感觉产生非常强的信赖时，他们就会对品牌产生比较好的评价和情感，企业也就塑造了良好的品牌形象。

就企业品牌文化形象而言，它是消费者、公众对企业品牌所展现、表达或传播的企业品牌文化的感知及评价。企业文化是企业价值观的传递、企业员工行为准则的具体体现，更是一家企业的精神面貌的体现，对其消费者或市场以及企业自身都会产生潜移默化的影响。每个成功的品牌背后几乎都有浓厚的文化氛围，都在替企业向消费者、向社会大众讲述企业的故事。

品牌标识形象是社会大众对企业品牌标识的了解、认知及评价。品牌标识形象是一个复杂的标识组合系统，包含着品牌名称、商标图案设计、商标字体及标准颜色选择等。消费者对企业品牌的初始评价来自对企业品牌标识的视觉感知。

企业的品牌信誉形象则是企业产品的消费者、社会大众等对企业品牌信任度的认知和评价，其实质是消费者对企业产品的信任。一家企业品牌信誉的树立，需要企业内部各方面的协调和努力。

总之，品牌的构成要素对于企业品牌传播至关重要，影响着消费者和社会大众对品牌的感知和评价，直接影响消费者的购买行为；品牌形象是企业整体形象的灵魂表达，良好的企业形象对企业的发展和未来起到决定性影响。

2.品牌形象塑造的原则

塑造品牌形象是一个综合性系统工程，要有目的地进行，而不是随意而为。品牌形象塑造必须遵循的原则有以下几个：

（1）全面考量相关因素

品牌形象塑造不仅要考虑企业主营产品或服务的特点，还要考虑到社会文化环境、不同区域风俗习惯等宏观因素，以及企业文化环境、广告营销公司、新闻媒介、同行业企业、消费者偏好、企业合作者能力等微观因素。

（2）凸显企业品牌形象个性特征

塑造企业品牌形象归根到底就是凸显品牌的个性，品牌的个性使得企业产品在市场中能够吸引目标群体，及时引发消费。如果一个产品或一个品牌不仅适合目标群体，而且适合其他人群，那么这个产品或品牌便不存在个性一说。所以在品牌市场竞争中，决定其市场地位的是品牌的个性差异，而不是产品本身细微的差异。往往消费者购买某个品牌的产品是因为消费者认可或认同这一品牌的形象，并且符合其自身的地位。

（3）创造品牌之间的差异

对消费者而言，市场上不同品牌之间的差异越小，消费者选择某一品牌时在理智上的思考就越少。所以基于此分析，在市场中塑造一个突出的或者极具个性的品牌形象可以使企业在竞争中占据领先地位，进而取得更高的关注度和更大的发展空间。也就是说，企业塑造的品牌形象需要与同业竞争的品牌存在差异，进而打动消费者。

（4）坚持塑造品牌形象

企业塑造品牌形象是一个长期性的、系统性的工程，它不是三五天或者一两个月就能完成的，需要企业各个员工齐心协力、不断坚持。因此，企业品牌形象管理者需要在塑造品牌形象的过程中，站在战略高度，基于长远考虑，统筹安排，根据计划不断推进相关工作。

（二）品牌个性塑造

1.品牌个性及其相关概念

品牌个性的概念与拟人化现象密切相关，它指的是一组适用于品牌并与品牌使用者相关的人类个性特征的集合。品牌虽然没有生命，但在被赋予人类特征后便有了象征意义。万物有灵论和拟人化观点认为，人们习惯用生命理解世间万物，如娇贵的花、活泼的种子等。品牌也一样，用户可以将品牌视为类人实体，赋予其性格、情感、意念。人格化的品牌更令人印象深刻，用户通过消费与自我形象一致的品牌，使品牌个性转移至自身，从而实现自我价值的表达。对品牌个性的研究可以从表现视角及功能视角两方面分别进行。

（1）表现视角下的品牌个性

从表现视角来看，品牌个性是品牌的一种外在表现。在品牌个性研究初期，学者主要将人格类型作为划分标准。基于奥地利著名心理学家西格蒙德·弗洛伊德（Sigmund Freud）的人格理论，可以将男性化的品牌人格分为神气和压抑两个维度；基于奥地利著名心理学家阿尔弗雷德·阿德勒（Alfred Adler）的人格理论，可以将女性化的品牌个性分为独断和顺从两个维度。1995 年，有学者在弗洛伊德及阿德勒的理论基础上构建了品牌人格二维模型，解释了四种品牌人格类型，并指出任何品牌的品牌人格都有可能位于其中。但这一模型仅能从潜意识认识人格的角度解释品牌人格，不能很好地解释品牌人格与人格的关系，有一定的局限性。

1997 年，美国著名学者珍妮弗·阿克尔（Jennifer Aaker）提出了品牌人格五维度概念，将人格特质作为划分标准，编制了品牌个性五维度量表，并通过筛选、比较与匹配，让用户使用量表中的词语描述自我与他人，最后对各范畴的词语进行因子分析，选取 15 个载荷量大的因子作为品牌个性，用来描述品牌可以带给人联想的特点。这些因子被归结为 5 个主要维度——真诚、活力、竞争力、教养和强韧。阿克尔的品牌个性"大五"分类如表 2-1 所示。

表 2-1 阿克尔的品牌个性"大五"分类

维度	词语
真诚	脚踏实地的：家庭导向的、小城镇的、传统的、全体美国人的 诚实的：真诚的、真实的、合乎伦理的、体贴的、有同情心的 健康的：原创的、名副其实的、永葆青春的、经典的、老套的 愉悦的：感情丰富的、友好的、热心的、幸福的

维度	词语
活力	大胆的：追逐潮流的、令人兴奋的、反传统的、炫目的、煽动性的 活泼的：酷的、年轻的、有活力的、开朗的、具有冒险精神的 有想象力的：独特的、幽默的、令人惊奇的、美感的、有趣的 时尚的：特立独行的、紧随时代的、创新的、积极进取的
竞争力	可靠的：勤奋的、安全的、有效的、值得信赖的、仔细的 智慧的：技术的、团结的、严肃的 成功的：领导者的、自信的、有影响力的
教养	上流社会的：富有魅力的、外形美观的、自命不凡的、精细的 有魅力的：女性化的、流畅的、性感的、温柔的
强韧	户外的：男性化的、西部的、活跃的、运动的 结实的：粗犷的、强健的、直截了当的

目前，大多数人格心理学家都认为阿克尔的研究具有一定的贡献与价值。阿克尔编制的品牌个性五维度量表被广泛接受并应用于许多学术研究中，是迄今为止使用最多的品牌个性维度量表，代表着品牌个性的维度方向。

（2）功能视角下的品牌个性

从功能视角来看，品牌个性具有满足用户的自我表达的功能。当品牌被视作文化意义的载体时，品牌具有超越其物理特性、功利特征和商业价值的意义。这些特定的文化含义通常存在于品牌更抽象的品质中，为个人提供具有功能性以及象征性的价值表达，即通常所说的"品牌个性"属性。品牌意义感知结构与品牌在特定文化中为用户提供的价值有关。增强用户感知到的品牌价值，可以提高品牌个性识别。在阿克尔的研究基础上，可以把品牌个性中的人格特征转化为品牌带来的利益特征，并将品牌个性按照为用户带来的利益分为功能性品牌个性、象征性品牌个性和体验性品牌个性。

从利益维度对品牌个性进行划分，二阶因子分析结果如表2-2所示。

表 2-2 品牌个性在利益维度的二阶因子分析结果

因子	功能性	象征性	体验性
刺激			√
诚信	√		
圆熟		√	
粗犷		√	

功能性品牌个性强调通过品牌体验获得的功能性利益，如功效与价值。该个性比较强调保守主义需求与控制需求，与凸显诚意、能力和成功的特质相关，在表 2-2 中对应的品牌个性维度是"诚信"，对应阿克尔的品牌人格五维度中的"真诚"和"竞争力"两个维度。

象征性品牌个性强调通过品牌体验获得的象征性利益，如品牌理念与生活方式。该个性比较强调等级需求，与凸显社会地位、声望、财富和力量的特质相关，表 2-2 中对应的品牌个性维度是"圆熟"与"粗犷"，对应阿克尔的品牌人格五维度中的"教养"和"强韧"两个维度。

体验性品牌个性强调通过品牌体验获得的体验性利益，如感官或情感体验。该个性比较强调情感需求，与凸显新奇和创造力、拥有令人兴奋的生活相关，表 2-2 中对应的品牌个性维度是"刺激"，对应阿克尔的品牌人格五维度中的"活力"维度。

根据功能性利益、象征性利益以及体验性利益代表的意义，将阿克尔的品牌人格五维度针对品牌利益维度进行划分，如表 2-3 所示，代表功能性品牌个性维度的是"真诚"与"竞争力"，代表象征性品牌个性维度的是"教养"与"强韧"，代表体验性品牌个性维度的是"活力"。

表 2-3 品牌利益与品牌个性的对应关系

品牌利益	品牌个性（价值维度）	品牌个性（人格维度）
功能性利益	功能性品牌个性	真诚与竞争力品牌个性
象征性利益	象征性品牌个性	教养与强韧品牌个性
体验性利益	体验性品牌个性	活力品牌个性

功能视角下的品牌个性认为，用户倾向选择与自己个性相匹配的品牌，并随着与品牌的不断接触，感知到品牌个性不断强化，从而形成用户偏好。品牌个性体现了用户的理想自我。

由此可见，从品牌个性的表现角度来看，品牌的人格类型、人格特质、外在表现中与人相似的部分都是品牌个性的一部分。从品牌个性的功能角度来看，品牌可以带来功能性利益、象征性利益及体验性利益，体现了用户的习惯与偏好。

2. 塑造品牌个性的注意事项

企业在塑造品牌个性的过程中需要注意以下事项：

①企业只有深刻了解品牌个性，才有利于品牌个性塑造。

②关于品牌个性塑造，首先必须考虑品牌的核心价值是什么，一切要从企业的核心价值出发。

③考虑品牌的定位并了解消费者的需求。

④品牌个性塑造要满足目标消费者的需求。

⑤品牌个性必须是积极的、正面的，能够在精神层面满足消费者的需求。

⑥品牌个性要根据目标市场进行相应的改变。

⑦企业要不断地维护和管理品牌个性，使品牌个性深入消费者的内心。

三、品牌传播

品牌传播简单来说就是将企业的品牌形象推广出去，充分利用销售、公关、广告等各种营销方式，树立品牌形象，让更多的人知晓品牌。品牌传播是一个具有反馈的循环流程，主要由发送方、媒介、接收方三方构成。企业将品牌信息进行编码，传递给相关中介媒体，进而由这些媒体平台解码，将品牌信息发送给接收方，即消费者。在信息技术的支持下，消费者的所有反馈都会被纳入企业的监控范围内，从而帮助企业更好地推进品牌信息的传播。虽然有信息技术的支持，但是品牌传播依旧会受到各种因素的影响，从而使传播影响力大打折扣。

品牌传播主要有以下几种方式：①广告传播。委托专门机构利用广告进行品牌推广宣传是企业最常用的手段之一。它的好处在于，可以通过形式多样且富有创意的方式，让目标群体在最短的时间内接收有关品牌的信息，如品牌名称、标识特征等。②公关传播。企业会寻找员工、投资人、行业协会等第三方为自己背书，树立有关品牌的正面形象，处理有关品牌的负面消息，给予消费者积极的品牌导向。③销售促进。促销主要是为了在短期内提升顾客转化率，增加企业销售收益,如利用赠送小样、限时抽奖等方式激励购买。④人际传播。品牌传播离不开口口相传,企业相关人员不仅需要借助媒体进行广告和公关,而且需要和消费者进行面对面交流,向消费者解释和示范企业的产品或服务,以更有效地提升消费者对品牌的好感度和熟悉度。

第三节 "互联网+"背景下的品牌营销方法

一、时尚营销

(一)时尚营销的内涵

企业以满足消费者的时尚需求为目标,通过研究社会时尚需求及其变化趋势,生产、营销高品质的时尚产品的一切活动就构成了时尚营销。时尚营销的核心精髓突出体现为三个金三角关系:一是在营销理念上的文化、品牌、营销的联动关系;二是在营销战略上的定位、设计、传播的联动关系;三是在营销元素上的时尚、情感、体验的联动关系。这三个方面最终就是为了满足目标消费者的时尚需求,为消费者创造独特价值。时尚营销是一种体验式的营销方式。

(二)品牌的时尚营销与管理策略分析

1. 对品牌内涵进行调整

品牌自身的内涵是整个时尚营销与管理策略的核心内容,因此为了更好地适应未来市场发展情况,品牌需要从内涵的角度入手进行调整。在实施阶段,工作人员需要根据品牌的具体内容,从品牌形象、品牌定位以及定价策略等多个方面进行调整,并根据市场需求划分情况,对品牌目标受众的个性化诉求进行识别,以市场对品牌的需求为参考对象,主打不同类型的品牌营销,尽可能从商标到店铺形象,再到产品设计、品牌概念宣传等角度入手,赋予品牌更多的内涵。此外,在品牌的内涵调整阶段,需要以消费者的喜好为导向,并按照市场规划情况调整产品售价,必要时可以采用在个别城市率先试点等方法,了解目标受众对品牌的接受度,这样才能为品牌更好地参与市场竞争奠定基础。

2. 注重分析消费者的消费行为

任何品牌与企业在进行市场营销工作的过程中,都应该强化对目标客户的重视程度,并将了解客户群体的心理诉求与切实的价值观念作为视角,推广品牌的主打产品，逐步实现以设计风格为主体且注重品牌价值与实用性，保障产品在功能方面对目标客户拥有更强的吸引力，推进消费者完成个人消费行为。

在进行品牌营销的过程中，大多数消费者在美观性、个性化等方面对品牌有明确的追求。故而在实际营销中，相关管理人员应该具体分析消费者的心理特征与对产品的需求，并结合分析结果，调整店铺陈列、搭配等；在日常工作中，需要更加重视品牌营销的主体性与趣味性；在具体实施的过程中，还应该结合消费者的个体化差异，打造全新的广告投放形式，选择更符合消费者日常行为习惯的浏览方式，具体涵盖移动终端、互联网广告、商场陈列等。这样一来，消费者在潜移默化中会感受到产品的价值与实用性，对于市场营销效果的提升具有重要价值。

二、娱乐营销

（一）娱乐营销的概念

娱乐是当今一种以感官刺激为基础的体验。营销是专注于消费者的需求，通过满足消费者而实现目标的活动。综合两者，娱乐营销便是以消费者的娱乐体验为诉求，通过愉悦消费者而有效地达到营销目标的一种营销方式。

（二）娱乐营销的实质

从历史发展过程来看，娱乐营销是在市场竞争日益白热化的情况下推进营销创新的产物。

从表现形式上看，娱乐营销表现极为生动化，基本要点为形象、生动、时尚、个性和互动，最终体现在人性化上。

从策略上看，娱乐营销具有整合性特点，企业利用所有资源从技术上和情感上与顾客接触，搭建顾客体验平台，在各个接触面上把品牌带进顾客的生活。

从操作层面上看，营销娱乐化实际上是营销在创意及执行过程中表现出来的一种手法。企业通过新颖、形象的创意和多样的执行手段来演绎与消费者的沟通技巧，使消费者在潜移默化中接受品牌传播的资讯，最终达到产生或重复消费行为的目的。

（三）娱乐营销与传统营销的区别

从理念上看，传统营销强调的是产品的功能特性，视顾客为理性的决策者；娱乐营销强调的是顾客的体验，视顾客为感性和理性兼具的决策者。

从营销方式上看，传统营销是一种硬销方式，娱乐营销是一种软销方式，两种方式的比较如图 2-1 所示。

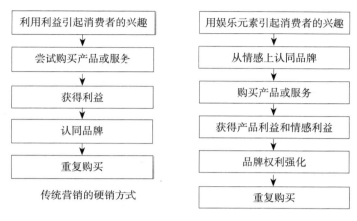

传统营销的硬销方式

娱乐营销的软销方式

图 2-1 传统营销的硬销方式与娱乐营销的软销方式比较

从传播方式上看，传统营销是缩水式传播方式，从大众到小众；娱乐营销是漫溢式传播方式，从大众到小众，再由小众扩散到大众。

从与大众媒体的关系来看，传统营销单方面借助媒体影响力来宣传品牌；在娱乐营销中，企业由借力于媒体到合力，即相互推动，共同提高知名度。

从消费者在营销活动中的主体地位来看，在传统营销活动中，虽然也强调以消费者的需求为中心，但更多的时候消费者是看客，处于被动地位；而在娱乐营销活动中，企业提供体验平台，鼓励消费者主动参与，始终注重与消费者的沟通交流，使企业的品牌成为消费者生活中的调味品。

（四）娱乐营销的影响因素

从现有的文献看，当消费者接触娱乐营销时，其行为与心理会发生一些变化，如会对购买意愿、态度、对品牌的认知等产生影响。传统的营销模式让消费者肯定产品的功能价值，以达到让消费者购买的标准，而娱乐营销则是以体验为先的市场传播行为。

娱乐营销的影响因素，一是娱乐营销的契合度，即品牌形象与娱乐营销主题之间的联系程度。当这种联系程度比较大时，消费者才会不自觉地代入角色，从而对品牌产生好感。二是消费者的卷入度。娱乐营销是一种体验式营销，需要与消费者产生互动，当消费者的卷入度较低时，其互动频率相对于卷入度高的消费者来说是较低的，因此在娱乐营销中，低卷入度的消费者的购买意愿会比高卷入度的消费者低。

三、事件营销

（一）事件营销的概念

事件营销是指企业通过策划、组织和利用具有新闻价值、社会影响力以及名人效应的人物或事件，吸引媒体、社会团体和消费者的兴趣与关注，以求提高企业或产品的知名度、美誉度，树立良好的品牌形象，并最终促成产品或服务销售目的的手段和方式。网络时代，新闻事件的传播速度越来越快，这也为事件营销的发展和运用提供了绝佳的载体。近年来，企业对事件营销的运用越来越重视。

事件营销虽然成本较低、效果明显，但相对于其他营销方式具有一定的风险性。事件营销的前提是必须利用正向的事件，并且需要专业的营销团队进行策划。

综上，事件营销能够快速提升企业品牌形象，造就良好的口碑，引起消费者共鸣，转变消费者态度等。事件营销需要有一套成熟的应用策略，一旦突发有影响力的新闻事件，企业需要快速有效地利用这一事件，以借力宣传品牌形象，提升品牌知名度。

（二）事件营销的分类

事件营销作为一个系统的概念，依据作业层次的不同，可以定性地分为两种类别。

第一类，借事，即"借势"，指企业借用名人效应，或是利用新闻价值，抓住消费者的兴趣和关注点，实现企业的营销目的。

第二类，造事，即"造势"，指企业通过整合自身和社会资源，自发筹备、策划系列活动或事件，聚焦大众的关注点，从而实现自身的营销目的。

（三）事件营销的地位

品牌营销是一个系统、复杂、庞大的工程，究其最终目的，即为企业利润服务，具体表现为提升品牌形象、提高品牌知名度、促进企业产品或服务的销售。

在传统的市场营销架构中，事件营销只是一个重要手段，同服务营销、网络营销、绿色营销等营销手段相平行，然而，伴随着市场竞争的加剧、营销成本的骤增，企业不得不考虑营销投入与产出的比率，这不仅关系到企业的竞争力，更关系到企业的生死存亡。

系统理论告诉我们，外界环境因素的变化，要求我们做出相应的调整和变化，以适应不断发展变化的环境。同样，当市场环境发生变化，企业也应该转变营销观念，以适应市场激烈竞争的变化。

事件营销自20世纪初就开始萌芽发展，直到20世纪末21世纪初才独立出来，成为重要营销手段。它在企业营销的舞台上扮演着越来越重要的角色，展现出新事物强大的生命力和光明的前景。

在现代营销中，我们需要把事件营销放在一个更高的平台上进行讨论和研究。事件营销不仅代表了市场竞争对品牌营销的要求，也代表了品牌营销对市场竞争做出的反应。

四、参与式营销

参与式营销是指企业利用社交媒介发布某种诉求，这种诉求能引起消费者的兴趣并满足他们的心理和物质需求，双方通过在社交媒介上的沟通和互动，达到双方价值最大化的一种营销方式。参与式营销的前期广告效应要慢一些，但是当前期的顾客变成企业的忠诚顾客时，就会引爆传播链，以口碑传播的方式加速，这样更能获得消费者的信任。

（一）参与式营销的特点

1. 主动性

在参与式关系中，最初往往是一方处于比较主动的地位，由它设计参与意图、寻找参与对象、发出参与信号、协商各种参与手段，直至最后对这种参与式关系拥有较大的主导权。在营销实践中，参与式营销既可以由企业主动提出，如企业的产品发布会，利用媒体引起消费者的关注，也可以由消费者主动向商家表达购买欲望，如淘宝、天猫等网上购物。参与式营销的主动性实际上体现了它的方向性。

2. 互利性

刚开始的时候人们或许是因为好奇才参与这种营销，但只有互为创造利益才是维系这种参与式关系的黏合剂。我们可以用参与价值来衡量这种互利性的大小，参与价值是指企业与顾客从参与当中获得的便利与好处。价值虽然不是促使参与的初始动力，但绝对是最原始的动力，参与式营销的实施应该能够提升双方的价值水平。

（二）参与式营销的流程

1. 前期准备

企业要将参与式营销的理念根植于企业的文化之中，建立在企业的战略之上，使其成为企业战略的一部分。企业需要制订一套完整的计划，并由企业高层主管来监督执行，因为客户沟通需要设计，而非偶然。企业需要全员参与，而不是仅仅由企业的营销策划部门去做。在初始阶段，企业上到管理层，下到基层员工需要利用社交平台与用户沟通交流，这样就会慢慢地使用户至上的理念深入每一位员工的心里。

2. 顾客认知

前期要分析顾客群体，即顾客是谁、顾客需要什么。企业应根据产品定位及市场细分策略去寻找适合自身的目标顾客群体，然后了解这部分顾客的需求、生活方式、爱好等。专门化分工往往会导致企业之间的竞争十分激烈，每一个企业都得根据自己的产品特点、企业特性对自己的市场进行定位，市场的细分策略决定了企业营销策略的独特性。例如，小米手机的口号是"专为发烧而生"，这种理念在市场中定义出一个新的消费族群。这种把消费者标签化和族群化的方式，有利于企业品牌的建立，使得企业在繁杂的市场中更快捷地抢占消费市场。

3. 选择媒介

选择媒介很重要。媒介是企业主动发出诉求的平台，顾客群体的大小、知识层次的高低都基于这个平台。这是一个互相选择的开始，也是企业寻求忠诚顾客的开始。传统环境下的营销手段在了解消费者需求时往往会滞后，大部分是搜寻顾客对产品的用后感受，而一些大宗物品则需要等用户使用一段时间之后才能有准确答复。这种反馈速度太慢。于是很多企业开始尝试建立在线消费者社区，这样能够随时获得消费者的需求和对产品使用后的评价，并且把这种评价公之于众，这样既能取得消费者的信任，又能在感情上促使消费者进行持续性购买。

4. 构建参与

首先，企业通过一种渠道把企业的生产流程开放，让用户参与包括产品的生产、研发以及售后等一系列过程，在参与中让用户对企业和产品有一个全面、深入的了解和认识，形成多维立体的概念，让产品在用户的脑子里形成一个可触碰、可拥有的模型。例如，2015年春节的"微信抢红包"活动就是非常好的互动案例，大家在动手扫描二维码的过程中既可以抢红包，与企业互动，又可以发布到朋友圈和朋友互动。

其次，制造"爆料"供消费者谈论，吸引参与圈外的消费者加入，为参与圈内的消费者增加谈资。例如，小米在发布手机青春版时，几位创始人到大学宿舍里拍海报，模仿电影《致青春》，受到广大网友的欢迎和追捧。将故事或噱头成功地通过企业自媒体扩散进入公共媒体，引起消费者的注意和兴趣，能够给品牌自身增加时尚感和流行度。

5. 做好服务

这里的服务不仅指线上的服务或者线下的服务，还包括从与客户建立关系开始一直到售后的服务，从产品上游到下游的一条龙服务。参与式营销能帮助企业培养忠诚顾客，但短期忠诚是由利益吸引得到的，长期忠诚需要精心培养。前期开发与后期服务一样是企业的生命线。一些企业只注重前期市场的开发，拼命地拉拢消费者，在实施了连续的营销策略之后确实把握了消费者的脉搏，清楚地了解了消费者的需求，而且投其所好占据了市场。顾客前期的满意度也随着产品性能的完善开始上升。但是，随着产品在市场上铺展开来，当后期产品遇到一些不可抗拒的因素而出现问题时，企业却置之不理，或者是售后不到位。这样一来，就严重影响了在前期留下来的顾客的满意度，使顾客对企业产品的印象一落千丈，更有甚者，比之前没有给顾客留下印象的结果还要糟。

参与式营销的流程如图 2-2 所示。

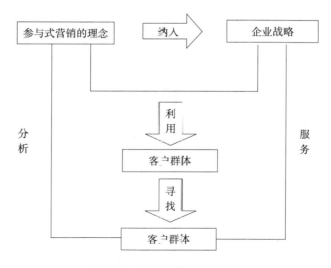

图 2-2　参与式营销的流程

第四节 "互联网＋"背景下的品牌营销产品

随着互联网思维的深入发展,产品战略渐渐成为互联网品牌营销的一大入口,传统企业的产品在开发、策略、规划等方面也渐渐适应了互联网产品思维,慢慢朝单品策略进发。下面主要探讨互联网时代品牌产品的延伸和营销策略。

一、产品及其品牌风格

(一)产品及其品牌风格的内涵

品牌风格的表达离不开产品,产品是品牌发展的重要支撑,也是消费者与企业沟通的重要媒介。产品作为一种有形的载体,必然表现出一定的特征,这种特征能够传达品牌的风格特征。产品的品牌风格主要体现在两个方面:一方面是人通过视觉从产品上直接获取的风格特征,主要通过产品的形态、色彩、材质及装饰等方面体现;另一方面是消费者在了解和关注企业的过程中获取的主观感受,主要包括企业理念、文化、精神及品牌标识等。

产品的品牌风格是指企业中拥有相同风格意象和造型特征的产品传达的品牌个性。造型特征是风格意象的外在表现,风格意象则是造型特征的设计内涵,两者相互影响、相互作用。

(二)品牌风格的演进特性

在同一时空维度下的同类产品存在时代风格上的某种相似性,但在不同品牌的设计上存在差别性。原因在于品牌风格是从品牌产生开始不断生成的一种意识活动,品牌风格的演进受内在遗传规律的继承性进化影响具有历时性,在相同的时空维度对外部环境的适应性演化具有共时性。可以从汽车产品中清晰地看到品牌发展过程中的历时性与共时性对产品的影响:宝马汽车传承至今的"双肾型"格栅,凯迪拉克汽车造型凌厉、宽阔豪华的感觉也从未改变,这正是品牌历时性的体现;同一时期内同品牌的产品具有明显的共同性,两个不同品牌的产品也具有时代背景下的相似性,这正是品牌共时性的体现。

历时性呈现的是品牌自身发展的脉络,体现了不同品牌产品之间完全的差异性。这种历时性的差异导致用户对品牌产生不同的心理感受,形成特有的品牌认知。共时性呈现的则是在时代背景下同品牌产品共有的风格特性和同类不同品牌产品共有的时代特性。正是品牌风格的历时性保证了品牌风格特征的延续性与独特性，共时性则为品牌风格的创新演进提供了动力与参考。

品牌风格的演进是品牌经历长久发展形成的自身风格体系随着社会的发展不断延续、丰富的过程。随着社会需求的提高，企业面临的挑战也逐渐变大，一成不变的产品很难持续得到消费者的喜爱，最终会被市场淘汰。因此，在品牌风格的演进过程中，企业应当保留能够推动品牌发展且深受用户喜爱的积极要素，同时引入符合品牌风格发展的创新要素，促进产品的发展与创新。作为品牌风格的重要载体，产品造型的延续和创新是品牌风格演进最直观的表达。

（三）品牌风格的统一与表达

1. 品牌风格的统一

（1）造型元素的统一

产品作为联系企业与消费者的主要桥梁，更是凝聚品牌风格的主体因素，因此产品造型必须具备统一的视觉元素。产品造型主要通过形态、色彩、材质及装饰四个方面进行表达，其中形态和色彩是影响产品造型风格的重要因素，独特的形态和色彩元素可以跨越产品体系、时代，以不同的形式体现在产品上，是最直观、醒目的品牌语言。产品的形态和色彩特征能够充分表达品牌的个性，从而实现产品的品牌识别。将这种统一的视觉元素规范地运用于产品集群，便能够建立起强有力的品牌风格特征。

（2）风格意象与造型特征的统一

品牌风格是在满足用户体验和审美需求的基础上形成的一种心理感知形式，这种心理感知能够引起消费者的强烈共鸣，通过造型设计将品牌传达的风格意象与产品造型特征进行融合，赋予产品一种独特的、区别于其他品牌的风格特征，从而实现品牌风格意象与产品造型特征的统一。品牌的风格意象蕴含在品牌的文化理念、情感体验、视觉形象等方面，是品牌在形成和发展过程中形成的受众对品牌的普遍感知。造型特征主要包括产品形态、色彩等外在特征，只有风格意象与造型特征相互依存、相互统一、共同发展，才能传达强烈的品牌风格。

2. 产品的风格表达要素

产品是品牌风格表达的重要载体，其风格主要由形态、色彩、材质及装饰四个要素进行表达。

（1）形态

形态是产品造型的构成要素之一，不同风格产品的形态特征差异明显，如直线给人以统一、稳重、坚固的感觉，曲线给人以流畅、活泼、运动、速度的感觉。不同品牌的产品因企业发展和品牌定位的不同而形成了独特的产品形态特征，这些特征在产品迭代更新的过程中被合理继承并运用，形成了该品牌的风格延续要素。

（2）色彩

色彩是产品识别的第一要素，研究表明，人在观察物体的前 20 秒内，色彩识别占 80%，形态识别占 20%，5 分钟后各占一半，该状态将持续下去。色彩具有强烈的视觉刺激，能快速吸引人们的注意力，强化产品的视觉形象。

合理的色彩运用不仅能够传达视觉信息，还能以其独特的魅力激发人们的情感，对人们的情绪、性格和行为等产生影响。不同色彩具有独特的情感寓意，如黑色代表着神秘、和谐；红色代表着热情、奔放和警示；蓝色代表着科技、幻想、沉稳。同时，色彩的搭配、比例及布局方式的不同对产品的风格表达也有着不同的影响，因此在产品的造型设计过程中，通过规划产品的色彩搭配及布局，并在系列产品中持续应用，形成特有的色彩风格特征，能够有效地增强产品风格的识别性和延续性。

（3）材质

产品的造型是通过材质和表面工艺进行表达的，在选择材质时需要从功能和视觉两个层面综合考虑，包括材料的工艺性能、结构强度和视觉效果等，在满足以上要求后再考虑材质的统一性和经济性。不同的材质给人的视觉感受也有所不同，因此在进行造型设计时，需要考虑不同材质对产品风格的影响。

（4）装饰

装饰对产品的品牌识别也起到了重要作用，是产品最突出、最快被识别的视觉元素，常见的产品造型装饰包括商标、产品型号标识、图案等，用统一的图案进行装饰能够提高产品的品牌识别度。

（四）基于品牌风格的产品造型设计方法

1. 品牌风格与产品造型

品牌风格与产品造型相互影响，产品是消费者与企业沟通的主要媒介，消费者对企业的态度很大程度上取决于对其产品的态度，最终表现为对品牌的认知。设计师通过解读品牌内涵明确品牌的风格意象，通过造型设计塑造易于消费者识别、符合品牌风格的产品形象，从而加深消费者对品牌风格的认知。同时，消费者对品牌风格的认知会逐渐形成一种具有普遍性的社会评价，这种社会评价反馈给企业后，会为品牌的发展提供最为直接、有效的参考意见。

2. 基于品牌风格的产品造型设计方法

通过造型设计对品牌个性进行合理的表达，产品能够体现出良好的造型特征和风格特征。基于品牌风格的产品造型设计方法如下：

①延续品牌风格。解析企业的品牌风格，获取品牌风格的延续要素，并在造型设计中不断应用和传承。

②创新造型。不同品牌的产品造型有着独特的风格特征，能够用意象词语进行描述，选取典型案例，依据品牌风格的延续意象，从共时性的角度获取产品的造型创新要素，指导产品造型创新设计。

③运用企业的视觉元素。在进行造型设计时直接运用企业的视觉元素，如商标、企业标准色、装饰图案等，形成统一的产品视觉特征，增强产品的品牌风格表达能力。

二、品牌产品的延伸

互联网品牌产品战略是指企业通过符合市场需求、具有竞争力的产品去赢得目标用户群，从而获得经济效益的一种互联网品牌营销方式。

品牌产品的延伸是一种品牌利用自身的优势，不断推出一些新产品的策略方针。20世纪初，品牌产品的延伸策略就已经在很多品牌中得到了广泛的应用。

首先，品牌产品的延伸具备以下两个优势：

①能够强化企业品牌。最初，品牌的产品通常都是单一的，但是通过品牌产品的延伸，能够让品牌产品从单一化向多元化的方向发展，重塑消费者对品牌的认知，强化品牌的荣誉度和知名度，让品牌在无形中得到升值。

②增强消费者的购买欲望。企业进行品牌产品的延伸，开发出新产品，能够给消费者带来新鲜感，增强消费者的购买欲望。

其次，品牌产品的延伸有以下两点劣势：

①让消费者形成定位差异。一个品牌产品在进行市场运营的过程中，必会将产品的功用、质量等特性在营销过程中传达给消费者，从而在消费者心目中形成特定的产品定位，如果将品牌延伸到其他产品领域中，就很有可能让消费者形成产品定位差异。

②破坏品牌核心价值的一致性。在品牌产品的延伸中，由于多样化的产品诞

生，很有可能破坏品牌核心价值的一致性，从而降低品牌在市场上的影响力。

三、互联网时代品牌产品的营销策略

互联网时代，企业要想保持业绩增长、提升品牌影响力，就必须不断地进行产品创新和改进。产品创新和改进不一定是颠覆性的，可以包括很多方面。可以说，任何一个能够满足消费者诉求的点，都是一次创新，企业要想促进业绩高速增长，就必须注重产品战略。

（一）解决用户"痛点"问题

互联网时代，用户任何一个"痛点"问题都能被放得无限大，商家抓住一个"痛点"，就是一次商机。从一个微小的地方找到切入口，创造出既能够解决用户"痛点"，又能给用户带来刺激的产品，就是一次很成功的产品战略。

用产品打动消费者比用产品说服消费者要有价值得多，企业可以尝试这种全新的产品战略，将大的、全面的产品战略放一边，着重钻研小的、精准的产品战略，从微小的细节入手，实现品牌价值的重塑、创新和传递。

（二）提升产品品牌品质

1. 加强技术创新，保障产品品质

马克思主义竞争理论揭示，竞争作为一种外在的强制规律，迫使企业将剩余价值不断投资于技术创新来提高劳动生产率。

在品牌产品力中，产品质量、产品服务以及产品包装对提升品牌竞争力均有十分重要的意义。企业在提升产品质量的同时，更要注重通过技术创新提升竞争力；既要重视企业核心技术，加强资金投入，还要创新数据管理方式，搭建品牌服务数据库。

2. 完善产品质量监管体系

产品品牌需要更加完善的质量监管体系，在消费者十分注重产品质量的时代，政府在已设立质量检测部门的基础上，还应该建立健全质量监管体系，使消费者在购买商品时更放心、更具信任感。政府应该多层次、多维度地检测产品，对产品加工的产业链进行深入的监督管理，这样有利于产品品牌向好的方向发展。

3. 优化包装设计，统一品牌防伪

市场上各类产品品牌琳琅满目，消费者在挑选商品时，第一眼看到的是外包装，所以重视包装设计对于提升品牌竞争力十分重要。

第一，在品牌包装设计上可以结合本地文化背景，使消费者更加认同产品品牌当地的文化。

第二，可以添加符合企业文化的产品商标，提升消费者的信任度。

因此，在消费者十分重视产品包装的新鲜感以及产品安全度的当下，企业更要重视产品包装。

（三）增强产品品牌传播能力

1.重视品牌知名度、美誉度、忠诚度培育

品牌知名度、美誉度、忠诚度对于提升品牌竞争力具有十分重要的作用。对企业来说，品牌知名度的提升，关键在于增加品牌销售量，销售量的增加意味着消费者对品牌产品的认可。所以，企业还需要加大对品牌的宣传力度，通过增加硬广投放、软文植入等方式来提升品牌知名度。

品牌忠诚度是指消费者对品牌偏爱的心理反应，反映了对品牌的信任和依赖程度。但归根结底，品牌知名度基于品牌美誉度以及品牌忠诚度，一个产品的知名度源自消费者对此产品由衷的赞美，继而从由衷的赞美转化为对该产品的忠诚。企业在重视产品质量的同时，也需要提升服务质量、优化产品价格，以此提升品牌忠诚度。

2.优化品牌传播渠道

好的产品需要完善的传播渠道，所以优化线上或线下品牌传播渠道是非常必要的。行业协会可以专注于线上传播，如在微博、抖音、微信公众号设立专门的账号，由专人管理。线上的营销能使更多的消费者了解产品品牌，企业可以在抖音开设专门的产品品牌账号带货，好的品牌加上优质的品牌营销，能够使产品最大限度地品牌化。行业协会也可以举办各种展览会，展览会不仅能够增加产品成交数量，而且能够提高产品品牌知名度。

第五节 "互联网+"背景下的品牌营销模式

一、社群营销模式

这里说的社群不是生物学上的群居，而是在移动互联网上建立的社群。社群的成员与成员之间有着相同利益，彼此认同，这些利益上的众多标识能将他们很

好地联系起来。在这个万物互联的时代，信息不仅传播速度快，而且内容较多，真假难以分辨，因此可以采用社群的方式传播消息，社群内的公众信任度比较高，可以有效地节约成本。

（一）社群营销概述

1. 社群营销的概念

社群营销是基于"社群"这个术语产生的。1887 年，德国社会学家斐迪南·滕尼斯（Ferdinand Tönnies）在他的著作《共同体与社会》中首次提出了"社群"这个概念，认为社群是基于情感、习惯等本质意愿而形成的自然合作关系。但当时的"社群"更注重血缘关系、感情和伦理关系的结合，与当代的"社群营销"中所提及的"社群"有着一定的区别。当代的"社群"是指在网络环境中，具有共同兴趣、共同价值观、共同情感交流及乐于利益共享的群体。

社群营销是指以社群为基础，借助微信、微博等渠道，利用消费者的从众心理、情绪化等特点，吸引、获取、留存更多客户的营销模式。社群营销的目的有两个：一是树立品牌形象，与消费者建立良好的联系。企业通过与消费者建立情感联系，使其对该企业品牌产生一种情感上的依赖，从而积极、热情、不计报酬地宣传品牌，进而提高用户黏性。二是实现品牌追随向实际消费转化。以口碑和情感依赖为基础，形成"老带新"的社群自运转模式，不断产生新客户，再以形式多样的社群活动激励其消费，从而获取经济收益。

2. 社群营销发展阶段

互联网技术是促进社群营销的重要基础和动力，因此随着互联网技术在中国的深入发展，社群营销在中国的实践也呈现出阶段性发展的重要特点。

第一个阶段是虚拟社群的早期诞生阶段。此时，互联网技术刚进入中国，互联网基础设施有待完善，互联网产品类型单一，在这种情况下，一些有商业头脑和创新思想的企业便开始利用互联网技术构建早期的虚拟社群，如百度贴吧、天涯社区、豆瓣、聊天室和门户论坛等都是这一时期具有代表性的虚拟社群。在早期虚拟社群中，各成员往往隐藏自己的真实身份，而使用一些虚拟性的网络名称进行信息交流，并通过构建自身良好的虚拟形象以获取其他成员的喜爱和信任。在这个过程中，各成员之间要警惕各种虚假的虚拟信息，严防上当受骗。当然，早期的互联网技术不够成熟，虚拟社群中的各成员之间无法随时随地进行信息交流，并且信息交流载体较为单一，以传统的文字和图片为主，因此早期的虚拟社群呈现出松散化、无序化和低效率等显著特点。

第二个阶段是虚拟社群的快速发展阶段。此时，移动互联网技术的飞速发展极大地推动了智能手机和无线网络的应用和普及，使得世界各地的居民能够随时随地进行信息交流和沟通。同时期，依托移动互联网技术，一些新兴应用软件出现，如QQ、微信、微博等，不同地区的人们可以通过新兴应用软件建立QQ群、微信群等虚拟社群，从而实现信息在更多的人之间传递与分享。在该时期，虚拟社群的不同用户之间开始使用真实的个人信息进行沟通交流，更能拉近成员之间的心理距离，增强成员之间的信任度；各成员更加愿意成为信息的发布者和参与者，而不是被动的信息接收者。此外，信息传播载体更加多样化，除了传统的图片和文字，音频、视频和表情包成为成员之间进行信息交流和情感传递的新方式。

第三个阶段是虚拟社群的高质量发展阶段。随着大数据技术、区块链技术和人工智能技术的出现和应用，虚拟社群进入更高层次的发展阶段。虽然QQ、微信和微博仍然是虚拟社群的主要载体，但是虚拟社群中的信息传播方式更加多元化，各成员之间的信息交流更加直接、高效。人工智能技术与虚拟仿真技术的结合使得用户的消费体验更加真实有效，各种小视频软件、直播平台的出现不断扩大虚拟社群的受众范围。虚拟社群于2015年在各行各业呈现出爆炸式的增长趋势，因此，2015年被称为"社群元年"。

3. 社群营销与传统营销的区别

在营销领域，传统的营销概念一直没有得到清晰、一致的界定。最为人们所接受的概念是从市场营销手段和理论范畴来界定的，也就是通常意义上的，没有利用网络技术进行的营销，同时也没有受到网络技术影响的营销。传统营销是指通过层层严密的渠道，投入大量的人力、物力、财力，以满足实际或潜在需求的综合经营销售活动过程。

传统的市场营销渠道包括报纸、电视、广播、路牌等，能直接渗透到消费者的日常生活中，具有传播范围广、传播有效性高的特点，但相应的营销成本也随之提高。因此，传统营销更适合相对成熟的企业，或者售卖日常百货或家用电器等产品的企业，这类企业一是能够承担高额的市场营销费用，二是目标客户群覆盖范围广（多为普遍大众）。

相比之下，社群营销则大为不同。在传播方式上，社群营销采用了著名的"六度空间理论"，在这个理论下，每个人与陌生人之间将小于六个人的距离，换言之，我们可以通过最多五个人就找到一个陌生人。身处互联网时代，"六度空间理论"实现的可能性变得更大。社群的精髓在于"连接"，新的媒介环境由移动电话和计算机组成，它完全打破时空的限制，打造"熟人文化"，连接社群成员，从而达成"口口相传"的目的。在实践中，社群内的每个人既是"购买者"，也是"传播者"，参与程度较高。并且熟人之间的了解度和信任度较高，因而也拉高了"被介绍购买某一产品"时的信任值。这样的传播方式极大地降低了社群营销的传播成本。这也是中小型企业优先考虑社群营销而非传统营销的原因。

但并非所有企业都可以实施社群营销。社群营销是以圈层、人脉为基础的营销模式，因此目标受众应该是一个较为固定的群体，并且能够达到以下三个条件：第一，群体意识比较统一；第二，行为准则比较统一，并且存在持续互动行为；第三，内部成员分工合作，能够协调、统一，有达成目标的执行力。也就是说，社群用户是有着相同需求的人，即"精准粉丝"。这类"粉丝"的特点包括三个：一是稳定；二是对企业所提供的产品具有一定的消费黏性；三是拥有持续消费的能力。

同时，社群营销比传统营销更加强调提升消费的附加价值（如提升社交属性、提供自我展示平台等）和后期的用户维护，往往适用于以服务促口碑的企业，而非快销品牌。

4. 社群营销的适应性分析

①吸纳更多优质的潜在客户，为企业带来新的活力，从而精准定向，更高效地转化成交率，促成购买，降低没有实际意义的沟通成本。

②以低成本让消费者对运营方产生信任，减少消费者与品牌方的沟通阻碍，使二者的联系更紧密，提高服务质量，从而提高用户体验。

③坚持可持续发展式运营，打造百万级渠道、流量，最大限度地降低品牌方在渠道推广上所需的成本，实现"高触达"，为品牌方节约宣传成本提供帮助。

④打造竞争壁垒，建立品牌圈，形成用户社交网络，将其与商品属性相结合，增强用户黏性，为品牌注入持久而又可再生的生命力。

⑤转化用户为自有客户，建立品牌与用户之间的沟通渠道，以便后期更高效地管理用户，同时配合贴心化的服务维护用户群体，最终达成营销转化、深度捆绑、价值赋能的目标。

⑥优化社群圈层，引导价值观取向，使重叠性极高的社群圈子日常化，进而推动现实世界中的人际关系的发展，改变人们的生活轨迹。社群经济的发展，将对人们未来的工作、生活产生巨大影响。

5.社群运营五步模型

关于如何从 0 到 1 搭建及运营社群进行社群营销，可以借助秋叶、秦阳等所著《社群营销：方法、技巧与实践》一书中所总结的理论方法。该书阐明了社群营销运营的五步模型，即同好、结构、输出、运营、复制。

（1）同好

同好是指落实社群的价值观，主要涵盖社群名称、标语以及擅长和可持续的输出、沟通和互动的内容形式。社群名称是第一标签，需要特别重视和设计。社群标语的设定能够使社群更有生命力，利用极具创意和视觉冲击的推广海报进行推广，可以增强社群的氛围感和新成员加入的愿望。社群擅长和可持续的输出较为常见的形式包括官方运营内容、举办线上线下活动等。社群沟通和互动的形式主要包含小组讨论、群内分享和问答、内部小组福利活动等。

（2）结构

为了将社群运营好，有必要根据社群自身的定位制定操作规则。从一个社群开始，在社群的可行性通过验证后，才能进行大规模复制。

首先，需要对加入社区的用户进行一定的条件设置，对用户进行一定的筛选，没有门槛的社群是无法产生较强吸引力的。引入的规则可以包括邀请制度、任务制度、付费制度、申请制度和预备营筛选制度。邀请制度是指由群主进行邀约，将某一项才华作为入群门槛，这一方式更适合小圈式的引入。任务制度指完成某项任务后可以加入，较为常见的是"转发到朋友圈截图给小编""集齐 × 个赞"等小任务。付费制度是筛选社区成员最简单的方式，这是一种较为主流的筛选方式，这种方式需要管理人员具有一定的专业素养。预备营筛选制度是指为那些想要加入社群的人提供预备营，供社群管理人员观察和评估，合格的候选人可以被授权正式加入社群。

其次，获取社群第一批种子用户。种子用户的质量以及从他们身上获得的价值，对整个社群运营十分关键。社群运营起初较难，只能邀请自己的好友、老用户等加入作为基础用户。在这个基础上，找到并培养社群的精神领袖，用来吸引更多的用户。此外，互联网上也有大量可以聚拢某一特性人群的场景可以利用，如线上某一主题的微课或直播等。

最后，设置运营团队进行社群运营管理。

（3）输出

输出是指形成社群输出传播矩阵。如果社群想要积累个人品牌，它必须向外部输出，输出内容应该矩阵化、序列化和品牌化，并创建社群的品牌媒体和品牌活动。

（4）运营

良好的社群运营是社群得以生存和发展的基础，任何一个社群在经历前期筹备并成立后最重要的工作就是运营。

（5）复制

复制能够让社群更有活力，复制社群的最佳策略是"以旧带新，滚动发展"，推荐策略包括：①先建立优质社群，边运营边发现人才；②通过社群运营发现保持同一频率的人员，让其加入核心运营团队；③在核心小组中找到特别好的成员，可以安排助理进行培养，后续招揽足够的具有控场、控群能力的人，放手让他们去管理。

（二）社群营销模式的特征表现

社群营销模式的最大特点是接收信息的对象由单一个体转变为一个具有共同消费偏好的社群，这种营销模式能够最大限度地保证信息的有效传播。同时，社群营销模式的出现也对企业经营决策者提出了更高要求，企业管理者在制定营销策略时需要关注更多人的共同利益，并且需要借助微信、微博、抖音、快手等新媒体工具，兼顾不同年龄层次群体的差异化需求，尽可能扩大产品营销范围。

总之，社群营销模式正是利用网络用户的这种特点，将一群有共同爱好的人通过虚拟社区聚集到一起，由此实现其自我推广和扩大市场占有率的目的。

二、O2O 营销模式

现阶段线上到线下（online to offline，O2O）营销模式的发展比较成熟，其最早是由美国支付与推广平台 Trialpay 公司的创始人亚历克斯·兰佩尔（Alex Rampell）在 2010 年 8 月提出并在其后引入中国的。下面将针对其定义、特点、分类、功能与优势进行具体介绍。

（一）O2O 营销模式的定义

O2O 营销模式指的是实体门店与互联网结合，通过电商平台为门店招揽顾客，为消费者提供便捷购物方式的一种商业模式。消费者既可以在线上浏览商品、在线下实体店购买，也可以直接采取预付订单的形式，由卖家送货上门。

O2O营销模式的优势在于完美地将线上和线下相结合，通过互联网构建线上平台，使互联网充分融入大众生活。消费者在享受线上优惠的同时，也享受了线下优质服务。O2O营销模式利用互联网解决了不同地域间，尤其是偏远地区的问题。O2O营销模式下的产品价格便宜，购买便捷，充分挖掘了线下资源。互联网具有数据跟踪作用，商家借此了解消费者的购物需求，从而增加可满足消费者的商品或服务。

O2O营销模式的主要支付手段是在线预付，通过互联网平台展示商品，消费者可以在线挑选商品，在线支付、预约消费，如此一来，消费者的选择不再局限于屈指可数的商品，而是可以对不同商家的产品进行对比，提升了顾客的满意度。O2O营销模式运营将达到双赢局面。对消费者来说，线上采购解决了购物不方便等问题，同时可以全面、及时地获取商家折扣信息，相较于实体店价格便宜。O2O营销模式能吸引更多商家资源，增加可供消费者选择的商品或服务。互联网具有监测功能，可以记录消费者的购物信息，优化商家营销效果。同时，O2O营销模式在一定程度上降低了商家的支出成本，与实体店相比，线上运营减少了门店租金，降低了运营成本，提升了营利水平。

（二）O2O营销模式的特点

O2O营销模式为企业整合了所有可用的线上和线下资源，将它们形成闭环发展，让线上和线下的差异不再明显。借助大数据平台，线上和线下业务联系更加紧密，推动了企业经济的快速发展。具体来讲，O2O营销模式具有以下基本特点。

1. 具有一定数量的线下门店

线下门店在很大程度上可以满足消费者的购物体验，可以使消费者参与并沉浸其中。像传统的B2B、企业对消费者（business to customer，B2C）等电子商务模式，侧重点只是线上消费，这在一定程度上忽视了消费者的购物体验，而O2O营销模式则很好地弥补了这一缺点，消费者可以进店亲身体验商品，使购物更具真实感。

2. 有互联网平台的支撑

在当今的O2O营销模式下，商家在线上商城进行打折、优惠等信息的发布。消费者可以在线上筛选适合自己的商品，不仅节省了时间，而且可以在短时间内拥有良好的购物体验，享受更多的购物乐趣。消费者利用互联网能够在任何地方进行下单支付，并选择不同的提货方式，这就使得商家能够在保障消费质量的前提下删减不必要的环节，因此商家应该加强对线上平台的建设，从而吸引更多的消费者前来购物。

3. 需要完善的物流配送网络

在传统营销模式下，顾客需要自己到实体店提货，物流的作用尚未体现出来。在现有的 O2O 营销模式中，提货有两种方式，即顾客自取和卖家配送。不管采用何种方式，完善的物流配送网络都是不可或缺的。这可以节省大量时间，优化顾客的购买体验。

（三）O2O 营销模式的分类

1. 先线上后线下模式

先线上后线下模式是指企业创建一个线上平台，通过该平台将线上的顾客流量引入线下，以此完成营销和交易，同时，顾客可以在线下体验到优质服务。这种模式是最早的 O2O 营销模式。

实际生活中，本土生活服务类的企业和团购类网站都陆续采用了这种模式。例如，腾讯利用 O2O 先线上后线下模式，创建了数一数二的 O2O 生态链条：首先，借用拥有众多社交数据的微信平台，提供丰富的商业流量和机会；其次，整合各种有关生活服务类 App，将微信作为主要支付手段，构建互联网与实体店相互动的模式。

2. 先线下后线上模式

先线下后线上模式是指企业先建立一个线下门店，通过线下营销和交易，使消费者在线下体验专门服务，然后将线下的商业流量引入线上，在线上进行互联网交易。如今这种模式应用广泛，实体店与线上平台相结合的销售方式也更加便捷，用户只需利用支付宝、微信等支付，就可以购买商品。在这种模式下，企业既要建立线下实体店，也要运行线上互联网平台，如苏宁易购通过构建先线下后线上模式的 O2O 生态系统平台，先建立实体店，再建立互联网商城，实现同步运行。现如今，苏宁易购线下实体店的产品种类日渐丰富，企业拓展线上平台，不断满足消费者的线下体验，实现了从线下到线上的完美互动。

3. 先线上后线下再线上模式

先线上后线下再线上模式是指消费者在商家设置的线上商城进行选购预定，然后在线下门店体验后，选择是否完成线上支付。商家利用大数据记录顾客的消费信息，根据消费需求设置商品或服务。通过建立线上平台，商家实现线上和线下客流共享，顾客根据体验后的满意程度，选择是否完成线上平台交易。例如，京东商城就采用该种模式，发挥自身巨大影响力，与团购网站及社交、生活服务类平台密切合作，从而扩充线上资源。在门店运营方面，京东商城通过与较大规模的便利连锁店、实体商超门店合作，吸引线下客户流量，同时弥补了线下实体店的短板。因此，京东商城打造的O2O生态链就是通过先建立线上平台，完善物流体系，与实体店达成最优合作，商家为顾客提供线下优质服务，进而达到线上交易量的提升。

4.先线下后线上再线下模式

先线下后线上再线下模式是指企业通过线下门店营销，将客流量引到线上，再借助App等第三方线上平台实现企业目标，同时消费者可以选择在线下进行消费体验。

现如今，快餐门店等涉及本地生活服务类的企业，采用此种O2O营销模式的较多。消费者大多通过微信、美团等第三方线上平台获悉某个品牌，在线上平台点单后，到线下门店享受用餐服务。互联网与实体店相结合，给消费者购物带来了便捷，同时也节约了成本，实现了企业收益最大化。

（四）O2O营销模式的功能与优势

O2O营销模式下产品最典型的模式便是"SoLoMo"[即由"social"（社交的）、"local"（本地的）、"mobile"（移动的）三个单词开头的两个字母组合而成]，是指人们借助移动设备实现的区域性交互。"SoLoMo"是由美国KPCB风险投资公司合伙人约翰·杜尔（John Doerr）于2011年2月首次提出的，他认为O2O营销模式正是"SoLoMo"概念的最佳代表。基于"SoLoMo"的概念，O2O营销模式可以发挥三大功能，即社会化传播、本土化定位、移动端应用。其中，社会化传播是指利用微信、微博等线上媒本平台进行社会化互动，用于人们的交流分享和传递信息；本土化定位代表着各种地域定位的功能，以精准定位来确定目标人群的兴趣习惯和购买倾向；移动端应用是利用手机和平板电脑等移动设备的应用程序，如微信小程序等来适应人们消费方式的转变。

O2O营销模式的最大优势是达到了三赢效应，就是对消费者、线上平台和线下门店三方都有积极的作用。从消费者的角度看，O2O营销模式将线上与线下的优势进行结合，让消费者不仅能够享受线上的优惠和便捷，也能感受到线下的服务与体验；从线上平台的角度看，O2O营销模式可以增强消费者在虚拟购物过程中的真实体验感，从而引发消费者情感共鸣、增强消费者黏性；从线下门店的角度看，O2O营销模式能够充分运用大数据分析的优势，对线上产生的订单数量和评价结果进行统计分析与评估，从而量化营销效果，更为直接地了解用户需求。O2O营销模式有效实现了目标人群的精确定位，规避了传统营销模式效果的不确定性。

三、DTC营销模式

（一）DTC营销模式的内涵

直接面向消费者（direct to consumer, DTC）营销模式是指企业通过某种平台、媒介、载体直接与客户对接，将商品直接销售到客户手中，而客户也可以直接将自己的意见与需求反映给品牌方的一种营销模式。该模式是品牌方的直销模式。数字经济下的DTC营销，更多的是依托互联网平台，利用社交媒体、线上支付平台、电商平台或直播平台与客户建立直接的销售关系，收集一线的客户数据，对客户行为与偏好进行深度分析后调整企业产品与营销路径。

近几年，DTC营销成为我国最热门的营销趋势之一。在消费升级的背景下，DTC营销模式可以帮助企业培养忠实消费者，长期获益。例如，艺术社交平台Artand的经营模式便是典型的DTC营销模式。在Artand上，艺术家可以直接与用户及潜在消费者进行交流。从在线互动到达成交易以及后期的装裱、发货、物流等环节都由艺术家自行完成，所有信息公开透明，在整个交易过程中不存在任何中间环节。

（二）DTC营销模式的特点

DTC营销模式的特点主要体现在以下四个方面：

首先，DTC营销模式省去了中间商，因而商家和客户的利益都可以最大化。

其次，品牌方能够对供应链的供需情况进行精准把握，提高服务质量与效率，从而扩大品牌方的盈利。

再次，作为数字时代的产物，DTC营销模式具有更强的意识去搭建和运用数据技术连接消费者、助推消费者体验，并以消费者的需求为决策的出发点，把握消费者的准确信息和反馈，达到精准、及时、灵活地满足消费者需求的目的。用户共创是实现DTC营销的方式之一，电商平台可以通过收集平台用户的意见，不断地优化升级。

最后，在DTC营销模式背景下，营销的模式发生了很大的改变。一方面，DTC营销模式驱使第一方数字平台的建设，不同于以往依附于第三方平台的营销，企业更愿意自建平台并在平台上进行营销活动；另一方面，即使是在第三方平台上进行营销，所有企业的营销流程还是由自身负责。

（三）DTC 营销模式的驱动力

1. 成熟的数字化

互联网平台，特别是电商平台和社交媒体的兴起，为品牌和消费者的接触提供了渠道上的便利；大数据等数字技术的发展，帮助企业以科学的手段完成对消费者数据的收集和分析，洞悉消费者真实的反馈；5G 的全面布局使企业摆脱了时间、地域的限制，实现了随时随地的移动化营销。

2. 物流配送便捷

便捷且成本低廉的物流配送服务为 DTC 营销模式的实施提供了保障。DTC 营销模式伴随着电商平台与社交媒体的发展而迅速成长，在数字化时代，对于商品的线上营销，企业要学会通过电商平台或自营网站，建立起直接的销售路径，构建真正符合消费者心理的商品线上交易模式。

四、情感营销模式

（一）情感营销模式的定义

情感属于心理学范畴的概念，《心理学大辞典》中指出："情感是人对客观事物是否满足自己的需要而产生的态度体验。"与情感相关的情绪是人类对于各种认知对象的一种内心感受或态度。它是人们对于自己所处的环境和条件，对于自己的工作、学习和生活，对于他人行为的一种情感体验。情感与情绪两者的定义非常接近，两者之间的联系也非常紧密，如果情绪出自生理性，具有情境性与外显性，那么情感就更多地出自社会性，具有更多的稳定性、深刻性与内隐性。了解情绪与情感的区别与联系是研究情感营销必不可少的一个过程。

针对情感营销，此前已有不少学者与专家基于自身研究领域提出了各不相同的定义。笔者通过比较发现，目前已有的情感营销定义主要包含以下几个方面：一是从战略层面来说，采用心理交流、情感沟通的策略；二是从战术层面来说，对产品和流通环节节点置入情感元素联结企业、产品、消费者；三是其目的是获得消费者的信任，增强忠诚度和用户黏性，实现企业和消费者的价值目标。

总的来讲，情感营销模式是针对消费者在当前环境、文化规范、道德信念的影响下所产生的主观感受或主观体验，在产前活动、生产活动、售后活动中通过为顾客提供能满足其需求的产品或服务来建立稳固的顾客关系，最后实现企业经营目标的一种营销模式。

（二）情感营销模式的特征

根据上述分析及对情感营销内涵的解读，情感营销模式存在互动性、嵌入性两大属性特征。

1. 互动性

环境中充满各种刺激事件，人在环境中不仅要调节对环境中的刺激事件的反应，最后受到刺激事件影响的结果也会通过人反映出来，而这一来一往反映出来的就是情绪。人反映环境对自己影响的同时调节自己对环境的反应的行为可以称作互动，即互动性可以说是情感营销模式的特征之一。

一般情况下，情绪包含认知成分、行为成分、情绪成分，三者之间相互作用，而每一种成分中其实都包含着互动。认知成分中的互动可以体现为人对事件的整体情况的态度，行为成分中的互动可以体现为人对自己反应行为的调节与控制，而情绪成分中的互动则体现为人对自己的情绪和行为反应的具体评价、思考、掌握。同时，互动的主体双方不仅仅局限于人，人与一切客观事物的彼此作用行为皆可称为互动。

2. 嵌入性

嵌入性指的是情感营销能够深入顾客内心深处，建立企业和产品与顾客之间的互动关系，从而获得顾客的信任。嵌入性主要是通过潜入性和深远性来体现的，即情感营销是在人们无意识状态下对人们的行为方式产生长远影响。这一个特征其实源于情感所具有的深刻性。情感的深刻性指情感在个人的思想行为中表现的程度深浅。每个人的情感都具有深刻性，但是有的人在思考和行动的过程中会更多地受到情绪和情感的影响，那么就可以说这个人的情感有着更强的深远性，而这种情感也会反过来作用于人的意识、记忆、思维等方面，从而影响人的身心状态以及对外界的感知。

品牌的本质其实就是消费者对品牌或产品背后的功能、理念的理解，因为只有理解之后消费者才会购买这个品牌的产品，才会赞同这个企业品牌做出的行为决策。同样，人们对一个事物认识得越深入，所产生的情感就会越深刻。所以，企业在进行情感营销时，需要将与情感相联系的品牌刺激信息通过设计、包装、标识、环境等方式尽可能地渗透到顾客生活的方方面面，通过影响顾客的思想、志向、行为，使情感营销的效果更加深入、深刻。

提到结合情感营销嵌入性的例子，就不得不提到一种"one for one"的商业模式，简言之这种商业模式算是一种公益性质的模式，大概就是每卖出一件产品就为需要帮助的儿童做一件事情，可以捐钱也可以捐物。例如，鞋类品牌TOMS就践行了这种"one for one"的商业模式，每在门店或线上售出一双鞋子，就给经济欠发达地区需要鞋子的小孩捐赠一双新鞋；自行车品牌Pedal Forward则更进一步践行了这种模式，其直接在发展中国家建造工厂，以当地的竹子为原料，每卖出一辆其品牌的自行车，就生产一辆以竹子为原料的自行车，这样既在一定程度上解决了当地的就业问题。而国内最常见的就是淘宝平台的公益宝贝计划，其将商户的收益与商户用来做公益的金额绑定起来，实现了平台、商家、儿童的三方共赢。这种模式将品牌核心竞争因素、用户真正需求点、用户对社会的态度与评价三者结合在一起，把带货和公益融合在一起，让消费者在消费的同时不自觉产生一种自豪感和荣誉感，深入实现情感营销。

五、零库存联营模式

（一）零库存概述

零库存概念始于20世纪六七十年代的日本工业。当时，丰田汽车首创并大力推行了准时生产制，看板系统成为准时生产制中的重要管理工具。生产工序根据区域、先后顺序被单元化，各工序间以看板作为载体传递内部需求信息，从而实现了拉动式生产。拉动＋准时制的生产模式使得工序间的堆栈大大减少，用以周转的原材料或半成品几近于零。准时三产制的推广，不仅大幅降低了在制品库存，减少了流动资金的积压，而且使生产效率显著提高。从实践角度看零库存的内涵，具体体现为物料（包括原材料、兰成品和产成品）在采购、制造、销售等多个业务单元中，呈现为流动周转状态，不以库存品的形式存在。

零库存对于企业的益处不言而喻。若企业在供应链各个节点都能实施零库存管理，那么将顺理成章地获得诸多益处。如库存资金占用的降低，成本管理水平的提高，面对市场变化带来的不确定因素对运营、销售产生冲击时（如产品迭代后老产品的滞销）调整能力的提高等。零库存的库存形式有多种，以下是比较普遍的几种：

①委托寄售模式。这种模式由供需双方其中一方提出委托，另一方作为受托方代理管理所有权属于委托方的物资，委托方则因不再保有库存，从而实现零

库存。委托寄售模式的好处在于，受托方可以依托自身能力，有效结合寄售库存，实现优化的库存管理，同时降低管理费用。不仅如此，该模式还为委托方节约了仓储资源，并大量减少了相关事务的工作量。当然，这种零库存模式只是委托方得利，对整个供应链来说，其实质只是库存转移，物资库存总量并未降低，甚至一定程度上库存反而会增加。

②外协分包模式。这是大中规模制造型企业常用的产能、库存分配模式。外协分包模式通过对特定产品的委托加工，不仅将对应工序需要的制造资源全数转由承接方管理安排，还利用承接方的生产能力做到了弹性、准时供应，从而使己方静态库存趋近于零。

③同步模式。这种模式的核心在于周详的规划设计供需系统，在此前提下，各节点节拍完全协调一致，从而几近完全取消工序间或供需节点间的堆栈缓存，实现零库存。该模式模拟了传送带式生产流，并在此基础上进行了扩充延展，达到了物资供应与生产节拍高度协同。

④准时供应模式。在工序间或在供需链条中完全做到同步，不仅是难度极大的系统工程，而且巨大的投资和管理成本也是明显的短板，因而并非所有企业都适合采用或能够实现同步模式。所以，广泛采用比同步模式更具灵活性的准时供应模式显得更为实际。准时供应没有应用传送带原理，而是依靠更为分散的局部设计、多点控制，通过分段式计划将工序间、供需节点间的库存流转有效地衔接起来，从而实现静态零库存。如果说同步模式主要依赖硬件架构实现系统功能，那么准时供应模式的成功与否则很大程度上取决于计划等软性因素。

⑤水龙头模式。这是一种模拟供水系统即开即取而无须建立缓存或周转库存的零库存模式。日本的索尼公司率先设计并应用了这种模式。在经历多年的演变进化后，水龙头模式实质上已发展为即时供应模式，客户随时释放采购需求，供应方完全根据即时需求进行响应。供应商凭借高效弹性的供应体系应对即订即发的需求，从而帮助客户实现零库存。适用于水龙头模式的供应物资，主要以工具及标准件为主，各零售客户统一从大型分销商处取货甚至直发。这种模式在当今互联网物流中应用广泛，如大型电商采用的云仓库配送就是典型例证。

从绝对概念上解析，零库存实际上只是供应商、代理商的理想目标。在操作层面，实现零库存几乎是不可能完成的任务。在 VUCA[volatility（易变性）、uncertainty（不确定性）、complexity（复杂性）、ambiguity（模糊性）]盛行的今天，受到供应市场异常多、需求市场变化快和生产连续性不稳定等诸多因素的影响，企业准备的各类物资、产品库存不可能为零。因此，大部分企业都设定了一定数量的安全库存，安全库存基于供需两端的综合优化，是企业进行合理库存管理的重要依据。当然，通过精益化的运营和主动管理，企业能尽其所能地将库存水准控制得接近零库存。

综上所述，要想实现符合概念定义的真正"零库存"，需要从以下几个切入点着手，并将其视为必要条件：一是供应链各环节的有效协同，各企业互相合作、积极配合；二是供应链各环节企业具备相当的信息化能力且足以支撑起体系运转的上限，零库存本质上没有脱出精益管理的范畴，与精益管理中的其他理念，如准时生产制、精益生产等相辅相成，高度的信息同步才能顺其自然地在供需两端实现供应链全链的零库存；三是具备能力出众的物流系统，并以此保证实物流运营能匹配信息流，从而实现线上和线下的完美结合。可见，零库存不仅依赖全供应链的高度信息化及对等，还需要行业产业、社会人文乃至政策国情的配合。单方面、少数环节实现的"零库存"，体现的不过是强势环节胁迫弱势环节的不健康状态，最终将破坏整个供应链的平衡。无论从实际需要还是远期发展看，促进全供应链的信息化发展及有效联动，才是真正通往零库存管理的成功之路。

（二）零库存联营模式的特殊性分析

零库存联营模式是基于零库存传统营销模式的一种复合型模式。零库存联营模式可以被阐释为品牌商（或省代理、区代理）和加盟商的一种合作模式，通过整合双方的优势资源，在加盟商没有库存的前提下进行利润分成。

当代零库存联营模式得到了新的发展，在业界也被称为"海澜模式"。零库存联营模式与传统营销模式相比，其特殊性体现在以下六个环节：

1.适销对路的产品研发

零库存联营模式紧密关联于时尚的产业链，关注其中的一点都会衍生出不同的营销模式。通俗来讲，传统营销模式往往关注时尚设计或原料生产，这样就衍生出处于产业链上端的营销模式，很多品牌走下坡路，并不是因为它们失去了传递品牌价值的能力，也不是因为品牌忠诚度的下降，而往往是因为它们与品类或子品类的相关性减弱了。对新生品牌来说，在稳固品牌价值的前提下，在后期与品类和子品类做到相互支撑也是尤为重要的。

2.联合开发的购置生产环节

零库存联营模式拥有联合开发的购置生产环节。在加盟模式中，零库存联营模式主要采取自营与加盟相结合的类直营管理模式，与加盟商结为利益共同体，实现低成本快速扩张。例如，海澜之家的加盟店是加盟商自筹资金、以自身名义办理工商和税务登记手续设立的，加盟商拥有加盟店的所有权；为保证海澜之家全国特许经营体系统一的营运管理模式和品牌形象，加盟商只负责支付相关费用，不必参与加盟店的具体经营，所有门店的内部管理均委托海澜之家全面负责。海澜之家与加盟商之间的销售结算采用委托代销模式，拥有商品的所有权，加盟商不承担存货滞销风险，商品实现最终销售后，加盟店与海澜之家根据协议约定结算营业收入。

3. 销售渠道的拓展

在减少库存的同时，零库存联营模式也做到了拓展销售渠道。具体来讲，减少存货积压的路径主要包括以下四个：一是树立零库存观念，确立正确的存货处理政策；二是及时找出造成存货增加的原因，并加以预防和改善；三是改善商品采购流程，提高商店的营销能力，这是减少存货积压最直接、最有效的措施；四是利用电脑进行存货管理。零库存联营模式之所以能够趋向于零库存，是因为其营销模式建基于以上四个路径，而且更为重要的是，零库存联营模式将库存转移到产业链上游，让加盟商去承担库存分销的责任。

4. 零库存全托管加盟

在零库存联营模式下，企业的盈利来源发生了转变。盈利更多地源于加盟商所支付的加盟费，远远高于售卖产品所获得的利润，企业基于在加盟费这一块所筹集的资金，得以不断地扩张门店的范围。在当下错综复杂的市场竞争环境下，扩张市场版图无疑为品牌宣传抢占了先机，这种全新的管理模式规避了营销的风险，使资源利用与利益最大化。

5. 统一高效的市场管理

零库存联营模式拥有统一高效的市场管理机制。原因是，对代理商来说，当代市场的竞争压力就是面临市场不断萎缩的挑战，尤其是市场的萎靡导致了库存的不断积压，只有经营直营店或者拓展加盟店，才能实现对积压库存的售出，因为原有的旺店、价位守护得好，其他品牌的价格水准也比较好，所以一旦降价，库存动销的速度快、数量大，可以迅速解决库存积压，实现资金的回笼。但这也带来了诸多相关问题，库存商品的积压时间一旦过长，就会造成质量下降，而且打折等优惠政策会使旺店的商业价值持续下降。

6.线上和线下的统一发力

在零库存联营模式下，企业不仅在线上销售，也在线下齐头并进。零库存联营模式带来的最显著的影响就是市场的迅速拓展，其营销的重点并不在于技术创新，而在于门店的不断扩张，这样就导致产品设计退居到第二位，可以说这种营销策略是反直觉的，而且与传统营销模式相区分。

第三章 "互联网+"背景下的品牌营销研究

近年来，品牌营销逐渐成为增强社会产业活力的重要方式。品牌的良好营销，能够在建设发展中紧握时代脉搏，抓住时代发展机遇，促使经济发展以及在文化创新等众多方面实现生机再造。在"互联网+"背景下，品牌营销迎来全新的发展机遇。为了实现长远发展，需要充分利用"互联网+"加强品牌营销创新化建设，从而满足时代发展的需求，推动社会可持续发展。本章分为"互联网+"背景下的品牌营销战略研究和"互联网+"背景下的品牌营销管理研究两部分。

第一节 "互联网+"背景下的品牌营销战略研究

一、"互联网+"概述

"互联网+"是基于传统市场经济形态，通过运用信息技术手段，将大数据、云计算、物联网作为支持条件的一种新型经济发展形态。它的本质就是"互联网+各个传统行业"，即通过使现代化互联网技术与市场产业结构产生共鸣，优化生产配置要素、企业人力资源，协调企业运营战略与互联网创新成果相结合，加强市场渠道建设和创新生产力建设，产生适应于当代经济体系的发展战略。"互联网+"经济形态是对传统行业内部形态的改造和重组升级，能够激发传统产业的内在驱动力，使企业从以产品为主导经营理念的4P策略逐渐过渡到以开发用户需求为核心的4C[即消费者（consumer）、成本（cost）、便利（convenience）和沟通（communication）]理论。"互联网+"通过深度服务，激发消费者的内在需求，通过个性化的产品导向，拓宽企业盈利的渠道。

我国于2015年提出制定"互联网+"行动计划。互联网作为市场经济环境下的新媒介，在鼓励产品创新、跨界合作、服务惠民方面推动市场经济创新发展。

因此，把握住互联网经济是企业进行颠覆式创新，开展互动营销、大数据营销等的必然选择。互联网营销模式是伴随信息技术的不断发展而形成的新型品牌营销模式。企业利用线上平台，降低了实体店铺的运营成本，提高了市场竞争力，并通过重组销售前端与供应链、物流的结构，加快了产品流通速度，改善了上下游供应关系。企业依靠信息技术的沟通便利性与数据采集准确性，能够更快速、精准地了解消费者的需求，从而进一步优化服务流程，提升消费者的购物体验，提高消费者的满意度。精准营销与服务拉近了企业与消费者的距离，提高了消费者对品牌的忠诚度。便捷的通信渠道及公开的交流平台也是互联网营销互动性的重要体现。企业通过与消费者互动交流，采纳他们的意见并不断改进，也是企业亲民化、提升产品与服务标准的重要体现。消费者也能真正地参与到企业的各项环节中，提升其对品牌的依赖程度。

随着微信、微博等社交媒体的广泛使用，公开性和互动性成为消费者选择品牌首先考虑的要素。尽管互联网时代改变了原有的市场营销结构，进而增加了线下营销难度，但互联网技术所带来的创造性成果也为企业带来了巨大的机遇。首先，由于移动终端的兴起，人们在互联网上花费的时间越来越多，信息的获取也主要通过互联网。随着人们对互联网产生依赖感，互联网的营销推广变得越来越重要。其次，利用互联网信息传播速度快的特点，灵活利用互联网进行营销活动宣传可以起到事半功倍的效果。传统营销活动传播只能通过线下宣导及广告投放，而通过互联网传播可以减少营销成本，其传播速度及接收信息的人数也是传统媒体不能比拟的。再次，随着移动互联网平台的用户人数不断增加，企业可以传播推广的渠道也大大拓宽。官方网站、论坛平台、微信、微博、视频网站等渠道端，都有机会吸引到品牌潜在的消费客户。同时线上和线下互通引流的营销模式，给予品牌营销渠道巨大的发展空间。最后，随着互联网技术的不断进步，特别是大数据、云计算的广泛应用，企业能够更加精准地收集消费者的用户信息和反馈数据，更好地为品牌会员服务，增加了会员管理与维护的手段。这样不但能帮助企业优化内部管理，制定针对性营销战略，还能够使企业与顾客之间建立更加稳固的伙伴关系。

二、品牌营销战略概述

（一）品牌营销战略的概念

品牌虽然仅是企业的产品代号，但也是企业各类重要信息的体现。品牌营销的过程不仅为消费者提供了产品，也将企业的市场信誉、文化理念、产品特征等全部信息渗入了消费者的心里以及消费选择习惯里，这就是品牌建立的过程。经济全球化背景下，市场竞争取决于品牌之间的充分竞争。品牌营销战略具有长期性和规划性，也是进行品牌设计、推广和营销的过程体现，极大程度地体现了消费者的价值，同时也在一定程度上达到了企业的目标。品牌营销战略具体包括品牌个性、品牌传播、品牌销售、品牌管理等内容。第一，品牌个性，包括品牌名称、外包设计、产品定价、品牌理念、形象代言人、诉求风格、产品使用对象等。第二，品牌传播，包括广告风格、传播对象、媒体策略、广告活动、公关活动、口碑形象、终端展示等。第三，品牌销售，包括直接营销、间接营销、店员促销、广告促销、事件营销、优惠酬宾等。第四，品牌管理，包括团队组建、营销管理、品牌维护、后台建设、激励机制、通道管理、经销商管理等。设计营销决策、营销执行仅是企业的品牌营销战略之一，同时应当将注重品牌营销的观念渗透至企业经营行为的方方面面，并将之贯串始终，具体包含企业的经营理念、组织架构、激励制度等。此外，品牌营销战略除满足消费者的消费需求、达到获取利润的企业目的外，还应尽最大可能地达到符合社会长远利益的目的，如注重生态环境、活跃文化气氛、建立友好沟通、提高生活质量等。品牌营销工作是为了满足消费者需求、体现消费者利益，同时对品牌进行传播、销售和管理的一个过程。综合考虑企业利益、社会利益、消费者利益，制定全方位、更加立体的品牌营销策划方案是成熟企业的标志之一。综上，品牌营销战略，即将品牌作为企业的核心竞争力，从而获取差别利润。

营销战略策划分为四个方面：一是对企业进行营销战略环境分析，包括外部的机会和威胁、内部的优势和劣势；二是对企业的市场进行细分，根据不同的特点分为不同的群体；三是选择适合企业的目标市场，根据对每一细分市场的评价，选取一个或几个适合企业的细分市场；四是对企业进行产品的市场定位，有助于企业确定产品的关键特征，提高企业的核心竞争力。

概括来说，制定营销战略的目的在于塑造企业的核心竞争力，为企业长远发展保驾护航。在科技进步的今天，竞争越来越激烈，产品日新月异且同质化发展，而企业的品牌形象一旦树立，则不容易被模仿和超越。因为品牌成为消费者的一种心理感受时，是很难被模仿和复制的。

（二）品牌营销战略的内涵

品牌营销战略中"战略"一词源于军事用语，原指通过对局势、环境、优劣势的分析之后统筹布局军事配给，在战争中被困一方可以采取进攻或防守的军事方针使自己处于进退有据的有利环境，更好地应对战争压力，从而突围成功。随着市场经济的发展，"战略"一词也被引入市场环境。品牌时代的到来会使品牌的作用更加突出，与企业的战略结合也将更加紧密，可以说品牌的发展带动着品牌战略成为一门新兴学科。

（三）品牌营销战略的框架

1.品牌定位

品牌定位是品牌营销战略的首要问题，定位就是找到合适的细分市场，使顾客能感知品牌的产品或服务的差异性，实现品牌利益最大化，恰当的品牌定位有助于指导品牌战略。品牌定位需要进行市场细分，识别竞争特性，建立品牌联想的异同点。首先，进行市场细分。市场是指所有具有购买能力和购买欲望，能够买到产品的现实和潜在的消费者的组合。市场细分是指按消费者的类型将其划分为不同的购买群体，同一群体中的消费者拥有相似的需求和购买行为，适用相似的营销活动或营销策略。其次，识别竞争特性。进行市场细分后，就决定了竞争的特性。在进行竞争分析时，要考虑资源、能力、其他企业的动向等因素，以确定能给企业带来最大利润的目标顾客。定位要优先将最为相关的竞争者作为参照框架。目标市场与竞争特性的选择，决定了品牌认知的广度。再次，选择差异点联想。差异点是基于消费者的利益进行定义的，这些利益需要具有令人信服的理由，如功能设计、关键属性、关键成分或关键背书等。最后，建立共同点联想。共同点联想分为品类共同点、竞争性共同点和相关性共同点三种类型。共同点能抵消差异点，所以非常重要。品类共同点并不需要与竞争对手旗鼓相当，但必须让消费者能够感觉到该品牌在这一特定属性上做得足够好，使消费者不会认为共同点是一个消极的影响或因素。如果消费者认为品类共同点做得足够好，那么他们可能依据对品牌更有利的因素做出决定。好的定位要谨慎识别相关共同点。营销者习惯将注意力集中在优势领域，忽略品牌处于劣势地位的领域。其实劣势领域和优势领域都很重要，没有必要的共同点，差异点也就没有意义。营销者要模拟竞争对手的品牌定位，推断其可能的差异点，发现关键的竞争性共同点。将竞争对手的差异点转化为品牌的共同点时，就会对消费者的决策过程产生有利于本品牌的影响。

2.品牌形象

品牌形象因消费者的主观感知而产生变化，不同的消费者对品牌形象有着不同的感知与评价，塑造品牌形象便是按照一定的方式与原则对品牌形象进行打造，使公众脑海中形成对品牌较为统一的认知。品牌形象塑造主要包含两个部分，一是内部认同，二是外部塑造。有国外营销专家认为，塑造品牌形象需要全体员工理解品牌含义，并积极地表达企业品牌含义，在内部传播的基础上达成外部认同。

3.品牌维护

品牌维护是指企业为了维护品牌形象、品牌价值以及品牌市场地位采取的一系列活动。品牌维护是品牌营销战略的重要内容，主要包括品牌发展的维护、品牌的法律维护以及品牌的经营维护。品牌发展的维护主要包括内部管理、打假等运营活动，注重品牌的质量管理以及品牌产权管理等；品牌的法律维护主要是对商标权、产地名称的维护等，通过注册商标、申请知识产权等对品牌进行法律保护；品牌的经营维护主要是指品牌通过经营不断提升价值，顺应市场变化、迎合消费者需求，根据市场发展不断优化品牌形象。

4.品牌传播

品牌传播是指企业告知消费者品牌信息、劝说消费者购买品牌以及维持品牌记忆的方法，其最终目的是形成统一的品牌力，培养消费者的忠诚度，其传播策略包括广告传播、公关传播、促销传播以及人际传播等多种方式。品牌传播有利于整合企业的资源优势，促进消费者快速接受品牌，帮助企业快速占领市场份额与拓展利润空间。

5.品牌延伸

品牌延伸是指在品牌已经建立起来的质量与声誉基础上，将品牌名称用于扩张或推出新产品，从而减少品牌进入市场的风险，以更小的成本获得较大市场回报的营销策略。品牌延伸可以利用已有的声誉和形象减少品牌创建的风险，但也可能稀释母品牌的个性。目前主要的品牌延伸战略有以下三类：其一，以原品牌为产品大类，在市场细分的基础上开发新的品牌，减少对母品牌形象的分散。其二，以母品牌的影响力为基础，开创与母品牌不同类别的产品种类。其三，以主品牌涵盖企业的系列产品，同时为各个产品打造副品牌，以副品牌来突出企业不同产品的形象。一般来说，一个产品可以使用一主一副两个品牌，主品牌和副品牌可以起到良性互动的作用，主品牌提升副品牌的知名度，副品牌强化主品牌的核心价值。

（四）品牌营销战略的基础理论

1. SWOT 分析法

SWOT 分析法是一种四维分析法，其中，S（strengths）是优势，W（weaknesses）是劣势，O（opportunities）是机会，T（threats）是威胁。SWOT 分析法的合理运用，能够为相关工作的顺利进行奠定基础，降低干扰因素给相关工作带来的影响，对企业外部竞争环境和内部竞争环境进行充分分析。该方法自提出以来就获得了广泛的运用，效果也受到了各企业的一致认可。企业通过运用 SWOT 分析法了解自身的优势、劣势，在外部环境中自身可能利用的机会以及存在的威胁，对所处的环境及自身情况进行全面的了解，之后再根据自身情况及外部环境选取合适的战略。SWOT 分析法作为企业背景分析的重要组成部分，能够为后续的营销策略优化打下基础，也为分析现行营销策略存在的问题提供了理论支撑。

2. PEST 分析模型

现代社会中，企业所处的环境瞬息万变，机会与风险并存，为了更好地了解企业所处的环境，把握潜在的机会并规避可能出现的风险，就需要运用分析模型对所处的环境进行研究。PEST 分析模型的提出正是为了解决这一问题，该模型从外部环境出发，从宏观角度进行研究。PEST 模型的四大因素包括：政治（political）因素，包括企业所处国家的政治制度及相关的法律法规，企业要取得长久的发展就必须符合当地的法律规范；经济（economic）因素，即影响企业经营的经济环境，如存贷款利率、融资产品等；社会（social）因素，包括企业所在国家和地区的人口规模、年龄分布以及民族文化等；科技（technological）因素，包括企业产品生产所需的技术创新、工艺改进等。

3. 波特五力分析模型

20 世纪 80 年代，美国著名战略研究教授迈克尔·波特（Michael E. Porter）在对大量企业进行调研之后，提出了波特五力分析模型，该模型以外部环境为基础，对企业微观环境进行了进一步研究。它独特的研究角度使其可以从行业高度对市场情况进行剖析，同时也能应用于不同行业的关联度分析。该模型指出，行业内通常会有五种力量进行竞争：第一种为有意向进入该行业的潜在竞争者；第二种为同类替代品；第三种为客户对产品的议价能力；第四种为供应商对原材料的议价能力；第五种为行业内现有参与者。该模型可以帮助企业了解行业现状，了解其在行业竞争中所处的位置，合理制定竞争策略。

4.STP 理论

STP 理论最早由美国著名经济学家温德尔·史密斯（Wendell R. Smith）提出，随后由美国著名经济学家菲利普·科特勒（Philip Kotler）进一步完善而形成了完整的理论。STP 理论的三个字母分别代表市场细分、目标市场、市场定位。具体来说，STP 理论的三部分内容如下：

（1）市场细分

STP 理论认为，企业在市场营销战略制定过程中，应当根据消费者对产品的不同需求，将市场客户群体进行细致的划分，并且勾勒出整个细分市场的基本轮廓。

（2）确定目标市场

在企业对市场进行细分之后，企业需要根据自身的实际情况，选择其中一个或多个市场作为目标市场进入。

（3）市场定位

针对目标市场中的消费者群体，通过采取合理的营销手段，在消费者内心形成特定的企业形象，这就是市场定位。

STP 理论提出的根本目的在于通过合理有效地对企业经营状况进行分析，并且对行业市场加以分析，为企业后续市场的选择提供参考依据，最终从目标市场中选择正确的客户群体，使企业后续的营销工作能够更具针对性，牢固锁住自身的市场资源。

STP 理论是目前营销理论中运用得非常广泛的一种市场营销战略理论。随着产业分工越来越细化，消费群体越发集中，消费偏好越发明显，产品的生产复杂程度不断提升，决定了企业在市场竞争中不可能覆盖所有的市场，那么这时做好必要的市场选择就非常关键。STP 理论认为，企业在有限的资源下，只有将优势资源分配给自己关注的重点市场，才能获得更多的经济效益。正是基于这一点，企业在营销战略制定过程中，必须选取一个特定的细分市场，并且详细分析这一市场的具体特点，根据企业目标市场实施营销活动，即选取一个特定的市场作为企业今后的主要市场，集中优势资源，并且依靠可靠行动，引导企业开展营销活动。

（五）品牌营销战略的类型

1.品牌定位战略

品牌定位战略是指企业进行市场定位、产品定位之后，确定品牌文化内涵，赋予品牌差异性，将品牌和市场、产品关联在一起，明确品牌形象的一种战略。

在企业的市场定位中，品牌定位是不可缺少的内容。企业在明确目标市场之后，就应该确定产品品牌，明确企业形象，将自身产品和竞争对手的产品区别开来，同时吸引消费者的关注，赢得消费者的认可。品牌定位可以将品牌折射出来的理念、文化、精神等与消费者的精神追求、内心诉求结合在一起，让产品或服务给消费者带来一种自我价值实现的内心体验。科学的品牌定位可以让企业在进入新市场的过程中取得事半功倍的效果。如果企业对品牌的定位不科学，那么其所提供的产品或服务很容易在同质化严重的产品市场中被竞争对手的产品淹没，科学的定位可以为产品营销工作的开展提供支持。

2. 品牌差异化战略

品牌差异化战略是指企业将所生产的产品在功能、服务等方面区别于竞争产品的一种品牌战略，是企业提高核心竞争力、提升产品市场占有份额的科学模式。在品牌差异化战略中，最重要的是产品差异化和个性化。在品牌差异化战略的执行中，企业需要分析不同消费者群体的消费需求，根据消费者需求进行产品的设计和生产，确保产品适销对路。当所生产的产品能够与目标市场中的消费者需求相一致时，才能为品牌差异化战略的执行奠定基础。品牌差异化战略的影响因素复杂多样，主要包括以下三个方面：一是行业中的竞争者。企业在采取品牌差异化战略的过程中，同行也会准备或已经执行品牌差异化战略，并且会对本企业的品牌差异化战略执行效果产生影响。二是顾客对产品的需求。即使是相同顾客，在不同阶段的产品需求也是不同的，需求的变动性也会影响企业的品牌差异化战略。三是竞争者的模仿行为。当企业采取的品牌差异化战略初见成效时，会有少部分竞争者模仿企业的行为，如果企业可以在较短的时间里取得预期的战略效果，且不断强化这种效果，则竞争对手模仿的难度会提升。

3. 品牌延伸战略

品牌延伸战略是指企业在推出新产品或新服务时，将其与已经具备一定知名度的产品关联在一起的一种战略。在品牌延伸战略下，新的产品可以在更短的时间里成功跻身于市场，并且可以节省营销成本，提高营销效率，让新产品更轻易地被消费者认可与接受。在制定品牌延伸战略时，企业应该关注两方面内容，即品牌延伸力、品牌杠杆力。一般而言，品牌延伸力越大，其杠杆力就越小。企业在实施品牌延伸战略时，必须认清这两方面基本内容，确保品牌延伸战略的客观性，否则不仅不会使新品牌增值，还会让原品牌受损。

三、"互联网＋"背景下品牌营销战略存在的问题

（一）互联网营销思维需要提升

1. 流量思维

目前，由于传统媒体、数字媒体、社会化媒体相互交叉，一方面，企业应该充分运用多种媒体对其品牌进行宣传，从而提升其品牌影响力，激发客户的兴趣并积极地开展客户关系管理（customer relationship management，CRM）营销，客户在产生了兴趣之后，就会通过搜索引擎查询自己所需要的产品资料；另一方面，企业应借势热点进行新闻事件推广，找到流量的引爆点。

2. 品牌思维

大规模的数字广告对品牌塑造的帮助比较微弱。大规模的数字广告太过强调点击与互动，忽略了曝光度，导致品牌在消费者心中未能留下深刻的印象，缺乏知名度。产品或服务发展到某个阶段，比的不再仅仅是消费者的体验，而是品牌。对企业而言，充分利用权威的媒体来树立公信力，借助互联网等手段来提高其品牌的影响力迫在眉睫。品牌必须紧紧围绕核心的用户群去打造，必须紧紧围绕品牌的定位去塑造。

（二）企业互联网管理人才缺乏

从企业的发展情况来看，品牌营销作为一项综合性的业务，既需要进行相应的市场拓展，也需要通过新媒体传播方面的人才进行大范围的推广。然而，从目前大多数企业的品牌营销发展情况来看，很多企业的品牌建设和市场营销活动是相互区别的，甚至对品牌营销过程中使用的微信公众号和微博等新媒体平台缺乏相应的职能整合与团队建设，导致品牌营销缺乏明确的发展方向。再加上大多数市场营销部门是由技术和管理人员组成的，在营销对接的过程中缺乏有效沟通，当企业在市场环境下对品牌有互联网传播需求时，还需要通过部门之间的协作来实现。部分企业由于缺乏品牌营销专业人才，在发展的过程中还存在较多的障碍，这样一来，不仅影响了企业的品牌营销，也会因缺少专业人才的支撑而无法推动企业的健康发展。

（三）互联网品牌营销缺乏监管

互联网具有的双面性和互动性特征，决定其一方面能够在一定程度上为企业的品牌营销带来更多经济收入，但另一方面，若不加强监管，互联网会使企业品

牌营销陷入消极被动的局面。管理者应当高度重视品牌营销过程中出现的问题，尤其是重大缺陷问题。例如，部分商品有质量问题或营销服务不佳等，都会给企业品牌带来负面影响。如果监管力度不足，这些负面影响就会被新媒体无限放大，从而造成更严重的影响。例如，一些不法分子通过假冒产品欺骗消费者，在损害消费者利益的同时，也会给企业品牌带来严重损害。从这一角度来讲，做好新媒体品牌营销的监管工作至关重要。市场监管部门应当完善监管政策，并建立健全相关机制，保证政策的有效落实，保护企业品牌。

四、"互联网+"背景下的品牌营销战略分析

（一）优化营销媒介，拓宽营销渠道

1. 利用多元化营销手段，提高品牌影响力

品牌宣传应该与企业和产品实力相匹配，除此之外，企业也要将产品在生产过程中所体现的性能和文化价值纳入考虑的范围。尤其是在互联网不断普及的背景之下，企业要提高对营销机构品牌联合的重视程度，这也是品牌营销合力提出的必然要求，能够帮助消费者进一步掌握企业相关的内容，通过增强企业互动的方式推动营销的发展。企业可以在品牌官方 App 上开设用户互动专区，让用户讲述自己和品牌的故事，并将企业开展的各种活动与用户分享互动，通过 App 不断巩固企业在售后领域的领先地位，展示不同用户群的高品质生活场景，有力地强化高端品牌形象。企业应在互联网技术飞速发展的背景下，促进营销效果最大化，以顾客的口碑来提高品牌影响力。数据调查表明，以往的销售模式成本相对较高，存在不合理、不准确等问题。在互联网技术的支持下，企业可以使用电子商务平台，在互联网上发布与销售相关的信息，与消费者保持良好互动；云计算、大数据等技术有助于企业了解客户的基本情况，探索整体营销定位和营销渠道，兼顾客户的需求和个性化，提高服务质量，这是企业提高影响力的重要途径。

2. 利用"直播+短视频"带货

2020 年以来，抖音店铺线上的短视频和直播内容都呈现爆发式增长。很多企业纷纷开启了线上直播，一方面可以大幅度地增加品牌曝光度和流量，累积忠实的客户；另一方面能够促进销售的转化，甚至直接推动"直播+带货"方式的发展，从而改变市场营销的方式。企业可以利用"直播+短视频"进行带货，拓展营销市场。

第一，精细化的服务可覆盖不同目标人群，最大限度地为直播间引流。企业

应精细化地规划、制定自己的直播人群发展战略和直播资源整合管理策略。企业通过短片和视频的直播预告内容加热以及直播信息流中的广告等直播资源整合来实现内容引流，能够极大地提升直播投放的工作效率，更高效地实现直播用户的价值转化。

第二，遵循短、平、快的选品原则，入驻抖音店铺，完善直播转化。开放式直播平台的消费者并不明确了解自己的购买需求，对企业品牌的认识和接受程度参差不齐，所以直播的选品应遵循短、平、快原则。"短"是指型号单一、适配性差的产品；"平"是指平价、超低价的产品；"快"是指不需要线下门店服务，可快速使用的产品。

第三，常态化开播，持续培养用户观看直播的习惯。企业可以在网上进行电商广告大促、品牌节日直播；开展一系列的直播宣传活动，推动品牌用户的持续增加；合理地选择开播时段，避开垂直平台线上和线下的单一高峰期，选择开放的平台、观看率最高的时段和垂直平台次高峰期。

3. 全渠道引流

"互联网+"时代下，企业不仅可以把已有渠道，如官网、经销商系统、微信公众号等统一接入，而且可通过社交传播引流、线下活动吸引客户、直播吸引客户等方式进行全面的客户引流，获得更多的客户。全渠道引流在"互联网+"时代的重要性日益凸显，能够给企业提供更大的流量。随着消费者需求的改变以及新一代移动互联网技术的广泛普及与快速发展，电商和O2O的迅速崛起使客户拥有了许多选择，价格制定体系也越来越透明，线下的客流已经逐步转化成线上的客流。企业应利用互联网技术与客户保持良好的关系，将客户的基本需求信息纳入考虑的范围，从而提高客户满意度，并实现产品质量的全方位优化。当然，在这一过程中，质量保障体系的可靠性也是企业必须加强重视的方面，企业应通过质量优势来实现市场份额的最大化。除此之外，在创新营销模式的过程中，企业也要提高对大数据利用的重视程度，通过对用户满意度等诸多因素的综合调查，实现营销手段的创新。营销渠道的拓展以及潜在客户的挖掘也是重要的方面，企业应在挖掘新用户与维系老用户之间达成平衡，创新服务的方式和手段，当然也可以在提供稳固可靠的产品或服务的基础之上，保证客户满意度的提高。拓宽宣传营销渠道可以通过以下几个方式进行：

第一，运用互联网思维进行产品宣传。企业必须充分利用网络平台，综合更多的资源来宣传自己的产品，如微信公众号、微博等各大平台；企业应将网络销售以及实体店销售相结合，并借助各大媒体的推广活动，如付费关键词推广、邮件推广、硬性广告推广、网络联盟推广以及软文推广等。

第二，建立电子防伪系统。社会经济的快速发展使人们的生活水平和生活质量达到质的飞跃，而且人们对生活质量的要求越来越高。因此，在购物时，很多人已经不仅仅考虑价格的高低，也开始注重商品的质量，因为价格不再是人们选择商品的唯一标准。此外，市场的竞争越来越激烈，在推动经济快速发展的同时，恶性竞争也随之出现，如仿造其他企业产品的情况时有发生。如果想要制止这种行为，就必须让每个企业从自身做起。因此，企业应建立电子防伪系统。现在每一件产品本身以及包装外壳都会有原材料的生产地、生产的检验流程以及产品批次号等一系列信息标签，消费者可以对以上信息进行核对，也就是通过扫描产品的二维码或者输入验证码等手段进入企业的内部线上网站来了解以及鉴定所购买产品的信息，从而买得放心、用得安心。

第三，借助电商平台拓宽销售渠道。企业可以通过天猫商城、京东商城、苏宁易购等电商平台对自己的产品进行销售，拓展销售渠道，并不定期进行促销活动，消费者在线上购买时可以享受一定的折扣。

（二）构建新零售时代电商合作模式

依托第三方电商平台是互联网环境下市场营销的重要内容，企业必须加强对第三方电商平台的重视程度，实现对经销商、生产商的管理统一化。诸多网站信息平台的建立和完善以及专区板块的设立等可以帮助企业收集各种信息，并推动信息发布的及时化，企业可以在突破时间、空间限制的基础之上，与用户保持密切的联系，并将交易的时间和成本控制在一定范围内。除此之外，云计算和大数据等相关技术有助于企业对消费者信息进行综合的研究和分析，进而优化营销方案。企业要加强对销售过程和售后服务的重视程度，通过与第三方电商平台合作的方式推动营销策略的更新，通过广泛宣传的方式与消费者保持良好的互动。企业也要重视对合作机制的建立和完善，在达成一致意见的基础上形成互惠互利的合作状态，推动企业的更新和转型升级，帮助企业在各个领域达到目的，真正形成双赢局面。

1.实现互联网商城互动和交互

企业可以通过建立互联网商城将相关品牌产品进行网络展示，让顾客能够通过网络方便、自主地进行浏览和选择，还可以通过微信公众号和微信小程序等与客服互动。企业还可通过电商平台推广线下实体门店活动信息，进一步把线上潜在顾客通过这种方式吸引到门店进行进一步接触和洽谈，并且多数电商平台能够为顾客提供在线预约、互动、网点查询及会员管理等服务。同时，顾客通过相关电商平台，能够实时向商家反馈信息，形成O2O互动营销。

2. 商家App实现专享交互

企业应该开发本品牌官方App，这样能够帮助消费者了解信息，使其根据提醒信息明确自身需求，实现网上选购、预约、下单、结算等，建立商家与每位消费者之间专属的沟通桥梁。企业可以在目前App售后部分功能的基础上添加售前部分功能，将售后部分功能系统进行整合，从而使消费者可以在其个人主页中直接查询到与自己需求产品密切相关的信息，并且不同的模块配备不同的业务部门来协作管理，除了设定自动返回、图文信息等基本的功能，还要配备专人为消费者提供专属服务。

第二节 "互联网＋"背景下的品牌营销管理研究

一、品牌营销管理概述

（一）品牌营销管理的概念

品牌最初源于古人为划分所有权在动物身上打下的烙印。随着市场经济的不断发展，品牌的意义也得到拓展，承载的含义也越来越丰富。它不仅仅是商标、符号、象征、包装、设计、名称，或者是它们的组合，还有声誉、文化、历史、民族、体验、服务等内容的附加，传递着文化信息、产品价值，以及独特的属性。好的品牌既能使消费者对企业的产品及服务产生信赖，也能使企业的质量和信誉得到提升。消费者因品牌认识产品，品牌凝聚了消费者的信赖等。企业只有不断地加强品牌建设，提升企业品牌的价值，在消费者脑海中树立良好的品牌形象，才能提高企业的业务价值，多层次、多角度、多领域地参与到市场竞争中。

品牌营销管理在品牌营销中起到至关重要的作用。品牌营销管理是企业通过各式各样的管理途径或管理方法有效配置资源，从而达到品牌价值最大化的经营管理过程。品牌营销管理将品牌的内容融合到品牌建立、维护以及巩固的完整过程之中，通过品牌核心价值的提升赢得消费者，注重品牌的长远发展，常表现为企业将品牌资源的整合贯穿于品牌的运营中，以加深消费者对品牌个性的了解、对品牌定位的认可、对品牌价值的认同等，从而加大品牌的传播力度。全过程的品牌营销管理能够使品牌的价值在市场中不断提高，实现品牌、产业、服务等多维核心价值在消费者心中的有效提质，从而达到消费者与品牌之间的有效互动。

（二）品牌营销管理的主要内容

品牌营销管理旨在实现品牌的长远发展，其重点是定位清晰、个性鲜明的品牌战略目标，以品牌与消费者之间的良性关系为核心，实现品牌的价值增值和市场范围的有效扩大。也就是说，品牌定位是基础，重点是品牌与消费者之间的价值增值活动。在这一过程中，对企业而言，品牌营销管理需要进行一系列的品牌增值活动；对消费者而言，品牌营销管理直观呈现的则是传播与管理活动。为此，品牌营销管理呈现出三个特征：第一，将品牌定位与企业文化有机融合，实现品牌精神与文化精神的有机统一，从而更好地嵌入消费者市场，使消费者了解品牌个性、品牌内涵；第二，品牌营销管理注重品牌的品位，并且有其统一的品牌营销管理指导思想；第三，品牌营销管理具有概念的稳定性和定位的精准性。如今许多品牌商家在建立与管理相关的联合部门时，会把本企业的品牌架构与企业整体战略相融合，形成相互指导的完整体系，以加大品牌传播力度，更好地维护品牌与消费者之间的关系。为实现品牌占据市场中有利地位的目标，品牌营销管理在内容上大致可以分为四个步骤：首先，以整体和长远目标为规划形成品牌定位，也就是建立品牌识别系统；其次，搭建以品牌传播为主要内容的品牌化战略架构；再次，通过品牌内涵、企业文化、价值认同推动品牌平稳扩张；最后，以科学管理为主要内容的品牌与消费者关系的维护，即科学管理品牌价值。具体分析如下：

1. 建立品牌识别系统

品牌识别系统能够在品牌形成的初期对品牌进行初步定位。企业在这个阶段应着重于定位管理目标市场和目标客户的需求，并找到鲜明的自我品牌定位。从长远发展考虑，品牌定位在标志上也要同竞争企业明显区分开来，进行差异竞争。

2. 搭建品牌化战略架构

品牌化战略架构重在推广品牌，使消费者知悉品牌定位和内涵，重要环节是提高知名度，而提高知名度的核心在于通过多种渠道传播推广，常见的有效方式有广告投放、名人代言等。传播推广能够使大众对品牌有所了解，也能够让后续品牌的宣传活动更快捷有效。这个阶段完成品牌的产生，也是客户对该品牌从陌生到熟悉的过程。这样的品牌才能获得目标客户，并且在目标客户的支持下形成自己的客户群体，并进一步得到推广。

3. 推进品牌平稳扩张

品牌的平稳扩张不仅仅依靠品牌传播，更多依靠品牌在传播过程中形成的品牌内涵、企业文化的交互融合，从而实现消费者对品牌的价值认同。具体而言，品牌在经历建立品牌识别系统、搭建品牌化战略架构之后就突破了原有市场对其的限制，可以根据现有的价值认同开拓更为广阔的新市场。空间上，表现为从地方品牌向国际品牌方向发展；人群上，表现为从购买目的性较强的小众人群向购买目的性较弱的大众人群方向发展。这一阶段，最重要的是品牌的推广，这对品牌的成长有着极为重要而深远的意义。

4. 科学管理品牌价值

科学管理品牌价值是维护品牌的必要环节，维护品牌是对一个成熟的品牌而言的，科学管理重在维系消费者与品牌之间的良性关系，保障品牌在市场竞争中处于优势地位。通过前三个步骤，品牌已经奠定了自己的市场地位，积累了自己的品牌价值。成熟且得到顾客认可的品牌在市场中有极高的知名度和信任度，成为"驰名商标""放心品牌"，所以此时的品牌营销管理会和企业成长深度捆绑，企业在经营时更加注重科学化、精准化，表现为其提供的服务能否匹配品牌的影响力，即品牌信誉度。

（三）品牌营销管理的作用及影响

在瞬息万变的商业时代，品牌营销管理是一种在积极地开拓市场的同时提升品牌形象的重要经营战略，于企业而言具有重要作用，主要包括以下几个方面：

第一，品牌营销管理能够提升产品的市场竞争力，加速同品牌延伸产品对市场的占领。在激烈的市场竞争中，企业之间的同类产品在质量、性能方面的同质化问题越来越严重，有形的营销影响力越来越小，品牌资源的独占性成为企业之间竞争的一个重要筹码。品牌成为企业新品进入市场、不断拓展延伸、抵御其他竞争对手的利器，同时大幅降低了新产品的市场导入费用。

第二，品牌营销管理有助于增强消费者购买该产品的信心，提高用户满意度。一方面，在多样化的市场中，新品牌、新产品的大量涌入，使消费者无所适从，难以选择。另一方面，随着产品的增多，消费者对产品的期待更高，对质量、功能、性能也越发挑剔。品牌建设为产品的质量、性能、服务的可靠性提供了保障。

对消费者而言，选择可靠的品牌，不但节省了大量的选择时间，而且降低了购物风险，使抉择更加容易，交易满意度更高。品牌在无形中揭示了该产品与其他产品的不同之处，为消费者的购买提供依据，简化了购买行为。好的品牌甚至可以给消费者带来正面的情绪，即使花更高的价钱，他们也愿意购买喜爱品牌的各种产品或服务。

第三，品牌营销管理能够提高企业的凝聚力。企业是品牌的载体，企业的精神价值是品牌文化的灵魂，品牌无法脱离企业精神文化而单独存在。品牌建设能够使团队成员认同在工作中形成的共同的心理需求、思维方式、价值取向和精神风貌，增强对企业的认同感、自豪感和归属感，并且能够以主人翁的姿态参与到工作中，产生同舟共济、荣辱与共的思想，关注企业的发展，自愿为提升企业的竞争力而奋斗。

（四）品牌营销管理的相关理论

1. 品牌原型理论

品牌原型理论反映了消费者与企业之间的关系，重点强调消费者是如何认识企业品牌的。品牌原型理论发端于原型理论，在吸取了原型理论的精华之后，又发展出自己独有的特征。原型理论强调的是人们对自身所处外部世界的认识，以及通过一系列社会关系的发展所得出的对社会的一种感受。这种认识和感受是客观世界作用到人内心后的内化。品牌原型理论正是因为吸收了这一点，强调在企业与消费者的交往与沟通中，消费者所得出的对企业以及企业品牌等的认识是主观的。虽然消费者对企业及其所有品牌等一系列外化事物的认识具有主观性，但是这种主观往往受到客观事物的制约。因此，在当今的学术界，品牌原型理论更多地被运用到三个方面的研究中：首先，品牌如何影响消费者对企业的认知与态度；其次，品牌如何影响消费者对企业认知的过程；最后，企业品牌如何影响企业未来的走向。所以品牌原型理论启示企业在进行品牌营销管理的过程中，要注意处理消费者与品牌之间的关系。这种关系要求企业首先重视企业品牌的建设。这种建设并不是设计一个品牌样式、一段品牌口号、一种标识色彩等那么简单，它还要求企业紧紧围绕企业文化内核去设计品牌形象，要求企业在一切物化的外部事物上展示自己的文化精神内核。其次，这种关系要求企业在日常的运营与管理中，践行企业品牌的宗旨与意蕴。企业品牌是静态的，但企业品牌影响消费者的认识过程，是由企业所有者与参与者的日常动态所决定的。如果一个企业在运营与管理中与企业品牌的宗旨与意蕴相悖，那自然会给消费者留下"表里不一"

的品牌印象。最后，这种关系影响着企业的未来发展，这一点也是品牌原型理论最重要的内容，它透露出消费者印象对企业的重要性，即消费者印象具有决定企业能否发展壮大的强大力量。综上所述，品牌原型理论致力于剖析消费者与企业品牌之间的关系，致力于揭示消费者的印象、认知、态度等主观心理现象对企业发展的影响。因此，一个企业要想做好品牌营销管理，就必须吸纳品牌原型理论所带来的启示。在企业发展的过程中，除了要重视品牌建设、基础设施建设、人员配备等具体事物，还要时刻将消费者对品牌的认知与评价放在心中，注重与消费者之间的沟通，引导消费者形成一个真实、美好的品牌印象，通过语言、行为等去影响消费者内心意见、态度的加工过程，从而获得优良的企业口碑。此外，企业还要及时地处理消费者对企业及其品牌所持有的消极态度，避免消极态度的蔓延。

2. 品牌定位理论

作为市场营销策略的核心问题，品牌定位是指"设计企业的产品服务以及形象，从而在目标顾客的印象中占据独特的价值地位"。定位就是要经过市场细分，在目标消费人群的认知中找到合适的"位置"，从而使消费者能以恰当的、企业所希望的方式联想起其产品或服务。品牌定位就是要找到品牌在消费者心中的最佳位置，以实现企业利益的最大化。合适的品牌定位不仅要立足于现实的市场状况，也要着眼于未来发展的趋势。顺应市场发展的大趋势，谨慎对待市场发展的大背景，品牌才能有成长的空间。

一个好的品牌定位离不开前期对市场的细分和目标市场的选择。市场细分就是确定若干个具有不同需要、特征或行为偏好的消费者群体，根据他们的特征将市场划分为若干个小的细分市场。目标市场选择包括评价每个细分市场的吸引力，并选择一个或几个准备进入的细分市场，从而集中人、财、物及其他资源去争取局部市场的优势。企业根据所选定的目标市场，提供相应的有针对性的市场供应物，进而创造卓越的市场价值。企业对每一个细分市场的消费潜力、竞争情况等进行分析，更容易了解消费者的需求，确定自己的服务对象，发现并把握有利于本企业的市场机会。在进行市场细分时，企业通常会使用多种细分变量的组合，如地理细分、人口细分、行为细分等。

进入互联网时代，心理变量成为重要的市场细分变量，能够更加凸显互联网市场的特点。心理变量包括消费者的个性、生活方式、价值观和兴趣等。互联网社群是拥有共同的情感、亚文化、生活愿望、意象和符号的微观社会群体，社群中的消费者会以联结价值而不会以实月或功能价值为导向选择和评价产品或服务。互联网时代下的消费者行为正在从个人行为转变为群体行为，消费者不再是单独的个人，而是一个具有共同兴趣、爱好与价值的群体。品牌最重要的使命就是与消费者共建文化社群，并成为这个文化社群的产品或服务的提供者。

3.品牌价值共创理论

价值共创是指消费者共同参与企业产品生产、消费全流程，以提高企业产品的效用和价值的过程。共创价值内生于消费者的个性化需求，而且在互联网技术、网络平台的支持下，共创价值更加容易实现。服务主导逻辑是解释消费者与企业共同创造价值的重要理论。与传统的产品主导逻辑相比，服务主导逻辑具有三个主要特点：第一，认为服务是一切经济交换的基础。产品只是服务提供的一种价值分配形式，企业不是单纯提供产品，而是为消费者解决问题。第二，聚焦于无形资源。强调通过广泛应用的操作性资源（如知识和技能）来构建服务，共同创造价值，消费者可以利用自身的知识、技能和社会资源，通过互动来共创价值。第三，认为价值创造是在互动中形成的，价值由受益者决定，如同互联网的发展释放了媒介受众的能动性，实现了由受众到用户的转向。在价值共创时代，消费者的角色也由单纯的消费者转向消费生产者，因此品牌营销管理的方式也要有所改变。在以前，消费者只是购买者和使用者，而作为产品的生产者、服务的提供者，企业掌握着全部的品牌信息。通过各种品牌信息接触点向消费者传播品牌信息，是企业在消费者心目中树立品牌形象的不二选择。现在情况变了，作为生产者中的一员，消费者更愿意向其他消费者传播品牌信息。简单来说，就是消费者参与品牌的构建和发展，不仅提高了自己对品牌的忠诚度，而且更愿意提供正面的品牌信息，吸引其他消费者。品牌营销管理中的共创价值的理念对互联网时代，尤其是移动互联网时代的品牌社群的构建和运营有着强大的启发意义。

在品牌社群中，品牌方无法掌控整个品牌传播的过程，消费者作为品牌传播的中心，以其对品牌的情感利益为纽带，进而互相传递和分享对品牌的认知、消费经历和感受。品牌社群的成员基于兴趣爱好或文化价值观，形成超越时间、空间的熟悉而又陌生的群体。品牌社群中有信息的传递，但更多的是分享共同认可的价值、信仰、态度以及生活方式。例如，基于移动互联网平台构建的虚拟动漫品牌社群，能够将喜欢同一部动漫的爱好者聚集起来，进一步延伸动漫作品的边界，让消费者更有归属感，创造更大的品牌价值。

4.CIS 理论

CIS 理论的发源地为美国，它是英语"corporate identity system"的简称，意为"企业识别系统"。C 即"corporate"，有"全体的、共同的"含义，在这里也延续了"全体的、共同的"的含义，表明了企业品牌营销管理中最不可或缺的一环就是需要全体员工共同的协作与努力；I 即"identity"，不仅表示"共同性、同一性"，还表示"身份、特征"，这个概念表明了在企业品牌营销管理中自身品牌"身份"与"特征"的重要性；"S"即"system"，表示"系统"与"方法"。因此，在解构了 CIS 理论的内涵后，我们发现，CIS 理论强调一个企业在发展与成长的过程中要打造自身的特色，以及需要全体员工的共同努力。CIS 理论由三大部分组成，分别是理念识别系统（mind identity system，MIS）、行为识别系统（behavior identity system，BIS）、视觉识别系统（visual identity system，VIS）。其中，MIS 是 CIS 理论最重要的部分，它指的是一个企业的理念、精神、文化等抽象的东西，是一个企业的灵魂。将这个概念运用到企业品牌营销管理中，就启示品牌所有者要注重企业品牌的建设。因为建设企业品牌不仅关乎着社会公众对企业的认知，还有利于使企业中的所有人凝心聚力，对自我品牌有一个清晰的认知，对自身所处的企业环境与文化氛围有一个良好的感知。从概念上看，BIS 更强调企业的行为。这个行为不仅包括企业内部的运行行为，还包括企业对外部环境与人做出的种种反应。因此，这部分内容启示企业在进行品牌营销管理的过程中，除了要建设企业的品牌形象与凝聚企业内部的人心，还要用这些理念和价值观指导企业内部人员和消费者所做出的行为。CIS 理论中的最后一部分 VIS 指的是企业在经过了品牌的创立、人心的凝聚、行为的规范后，所需要做的一些美化性的品牌建设行为，尤其是随着新媒体浪潮的袭来，如何在互联网上崭露头角，一个良好的形象就是法宝。对一个企业来说也是如此，要想在成千上万的企业中脱颖而出，除了要做好一些实质性的建设，还需要做好这些美化性的建设。因此，企业可以通过美化品牌标志、美化传播渠道、美化工作人员服装、美化企业的现实环境等，为企业的品牌建设添砖加瓦。

综上所述，CIS 理论强调企业在进行品牌营销管理的过程中，要做到从理念、行为到美化建设三方面的统一协调。因此，CIS 理论是一个系统性的、全面性的品牌营销管理理论，有效运用 CIS 理论能够帮助企业在市场中独树一帜、独领风骚。

二、"互联网＋"背景下品牌营销管理存在的问题

（一）品牌危机应对能力有待提高

企业在应对品牌危机的过程中，存在对危机反应不及时的问题，企业还没了解到事情的全过程，负面新闻就已经满天飞，企业只能从媒体报道中发现负面舆情，此时对品牌的负面影响已经造成。部分企业对品牌危机的认识不足，当危机发生时，只能从事件的表面分析问题，并且眉毛胡子一把抓，未能很好地分析品牌危机产生的实际原因、品牌危机折射出的企业内部问题、造成品牌危机的导火索、助推危机事件的主要群体的诉求等。只有全面正确地认识品牌危机，才能得出处理危机的最优方案。企业往往很难把控舆论走向，并且无法掌控供社会舆论发声的所有平台，面对复杂的社会环境，一旦危机发生，企业的形象就像是放在橱窗的坏苹果，只能任由外界来评说。这些意见表达者或单纯宣泄情绪，或有着自己的目的，一旦某些声音逐步扩大形成趋势，就有可能出现新的危机，如果企业对自身定位、竞争者关系、社会环境不甚了解，往往会陷入舆论的漩涡。

（二）品牌营销管理体系未形成闭环

品牌营销管理者获取企业危机的渠道多数为媒体报道、网络舆情监测等，没有形成在事件发生前就给予干预，从而避免企业品牌危机发生的有效方案。无法事前预测表现为没有准确识别品牌危机诱因的有效方案，一个异常的事件是否会演变成品牌危机，具有一定的概率，因此很难从品牌视角精准识别品牌危机的诱因。在诱因发酵过程中，涉及企业多条线的权责划分、品牌营销管理权限等问题的影响，企业很难及时干预，从而不能在危机发生前给予制止。危机发生后，企业能否从中复盘，得出较为严谨的结论，也视企业的实际管理水平而定。因此，企业应健全品牌营销管理体系，从而形成科学的闭环。

（三）品牌营销管理考核评价体系有待完善

由于品牌资产是无形资产，品牌危机很难全部用经济损失来衡量。面对品牌危机，良好的应对策略也有可能为企业带来更好的机遇，因为品牌营销管理难以从定性和定量的角度确定指标，所以品牌营销管理考核评价体系的制定存在有待完善的问题。品牌营销管理考核评价体系的考核内容不全，未能将品牌危机预防纳入考核范围；考核定性不准，对品牌危机产生的负面效应难以评估，无法建立大众认同、可指导全员实施品牌营销管理要求的标准；品牌奖惩机制难以推进，一个品牌危机的发生基于多种因素的叠加，危机发生后的应对方式也只是多部门

联合处理。如何制订科学的评价方案，从而指导企业进行绩效评估、制定奖惩措施，是考验企业品牌管理完善度的重要体现。

（四）品牌营销管理机制尚不完善

品牌营销管理机制是指企业在品牌营销管理过程中形成的能够与企业发展战略相互支持的品牌营销管理制度，用以指导、督促、控制品牌营销管理的过程，提高企业的品牌营销管理能力。

首先，企业领导者欠缺品牌意识。品牌营销管理应该是一以贯之的，从企业的战略发展制定到销售，最后到顾客，品牌营销管理机制都应该是清晰而明确的。品牌营销管理一直由销售部门负责，但是很多销售部门只关注销量，忽视了品牌建设。虽然部分企业在战略转型中注意到品牌营销管理的重要性，但仍没有成立单独的品牌营销管理事业部。品牌营销管理跟不上企业发展的需求，主要原因就是管理者缺乏品牌营销管理意识，对品牌营销管理的认识不足。其次，一线员工缺乏品牌营销管理意识，尤其是部分销售人员缺乏专业素养，欠缺品牌营销管理意识。

（五）品牌创新不足

当某个品牌在市场竞争中的知名度、美誉度、销量、市场占有率下降时，标志着该品牌进入老化阶段。品牌营销管理中的品牌创新能够有效地避免这种现象。很多企业在战略转型中意识到创新的重要性，但缺少具体的实施计划，主要问题体现在以下三个方面：

1.品牌产品创新不足

在信息化时代，产品更新迭代非常快，如果品牌的产品没有足够的特色，就不能给顾客留下深刻印象，就会失去市场竞争力。产品创新要求企业生产与同类品牌存在个性化差异的产品，凸显出产品的特色，给顾客留下足够深刻的印象。产品是品牌的载体，是品牌的外在体现，所以品牌创新中的产品创新是最根本的、最直接的方式。产品创新主要包括技术创新、外观创新。

2.品牌文化创新流于表面

品牌文化是企业的灵魂。品牌文化承载着品牌的责任和使命，是品牌与顾客建立情感联系的桥梁，它可以帮助企业传递品牌的价值，品牌文化越深厚，品牌的核心竞争力就越强。品牌文化有助于增强企业凝聚力，培养顾客忠诚度。战略转型中，虽然很多企业发布了新的品牌文化和理念，秉承运动、科技、契合年轻人等多元的特点，但其产品呈现出来的文化过于单一，与品牌多元的文化理念存在差异。

3. 品牌服务创新落后

随着时代的发展、科技水平的提高，产品趋于一致。对企业来说，最主要的竞争就是服务方面的竞争。首先，年轻的消费者更加追求个性化，希望能够得到更多的体验和交互式服务。很多企业在战略转型中缺少这方面的服务创新，线下的服务主要还是通过实体店来完成的，提供的服务单一，并没有增加新的体验式服务，线下品牌服务缺少创新意识。其次，线上服务不够全面，没有形成相对完善、具体的线上服务体系。随着互联网技术的发展，年轻消费者同样看重线上服务，但是很多企业的线上服务有所欠缺。一方面，线上服务发展较慢，能够提供的服务较少；另一方面，很多企业迟迟未推出官方App。部分企业在战略转型中缺少服务创新的具体行动，尤其是对线上服务和线下体验服务的创新不足。

三、"互联网+"背景下的品牌营销管理策略

（一）加强互联网技术应用

我国的消费群体正以难以想象的速度快速壮大，与前几代消费者相比，如今的消费者更直接、更高效，喜欢坦诚、真实的交流方式。企业要想迎合互联网发展现状，就要提高品牌营销管理效果，转变品牌传播模式。

1. 加大品牌数字营销力度

在互联网技术的支持下，全新的社交方式和平台不断涌现，微博、微信、小红书、抖音等新兴媒体取代了博客、空间、贴吧等初代产品，成为自媒体时代的主力先锋。与博客纯文字的展示形式相比，微信、微博等平台融合了文字、图像、语音、视频等多种信息传播形式，将原来点对点的交流拓展到多维空间，展现出更好的交互性和及时性，企业的互联网品牌推广视野得到开拓。目前很多企业已经建立了微信公众号和官方微博，定期推送产品知识、优惠政策或者发布一些小故事、小文章，吸引了一批稳定的读者，实现了线上情感互联。实践表明，这种软性的营销方式更深入人心，能够让消费者在时空跨越中感知企业的品牌内涵，建立更忠诚、更稳定的消费关系，对产品营销和品牌推广都能起到很好的作用。除了微信和微博，短视频平台近年来异军突起，受到互联网营销界的广泛关注。以哔哩哔哩、抖音、快手为代表的短视频平台，以打造全民自媒体时代为目标，短视频的受众实现从0到80%的历史性突破。众多商家借助短视频平台进行产

品推广，通过融入创意情景剧、搞笑视频以及潮流元素，多维度展示产品的功效和价值内涵，吸引了年轻消费群体的关注。有些企业则通过热播剧植入软广，增加品牌的曝光度。这些都是可供企业参考借鉴的重要方向。

2. 加强品牌营销数据的挖掘

在信息化时代，虽然企业对品牌的传播依然以产品为核心，但传统营销模式向数字化营销转型升级已经成为必然趋势。在大数据、云计算等技术的加持下，品牌的传播方式更新奇、更高效，企业有了更多的选择。企业应该充分利用数字化、信息化技术，通过营销数据的智能挖掘，建立信息搜集、发布和筛选系统，实现品牌核心价值与潜在客户群体的精准匹配，在大数据的指引下进行精准营销，开辟基于自媒体平台的个性化营销思路，精准定位品牌用户群，提高品牌在目标市场的影响力。

3. 推动品牌传播模式的创新

互联网技术不仅改变了品牌营销模式，还实现了品牌渠道的创新和升级。企业可以运用互联网技术和大数据技术，拓宽品牌传播新型渠道，为品牌营销管理者提供更多的选择。例如，通过大数据技术，精准反馈产品市场响应度、售后服务满意度以及品牌认可度，基于数据的统计分析，调整品牌营销管理方向；抓住互联网时代的发展契机，以"高效"为目标推动品牌传播，减少营销过程中的决策失误和市场误判，为客户提供更可靠的服务。

（二）完善品牌营销管理的危机识别和监测机制

1. 完善品牌危机因子全面监测体系

企业可根据品牌危机内外因素解析，设置多层品牌危机监测系统。首先，对内部品牌危机诱因的监测，可以通过自动生成型、一级报备型、外部因素提醒型三类方案完善监测体系。自动生成型就是在原有企业正常运行流程的基础上，如有时间、资金、销售额占比、利润额变化等异常现象，即可自动提示该节点涉及的进度风险和品牌危机；一级报备型是由企业风险管理一级部门及时报备的监测类型，其工作性质与现有企业品牌预警监测一致，但其将传统的表格汇总模式线上化，通过信息化系统进行报备，并且在系统内增加识别和分析功能，结合人工调整，更便捷、直观地获取预警信息；外部因素提醒型是为了便于对外部诱因进行分析、响应的安排，如房地产业，当外部监测获得某同行使用供应商货品导致房屋甲醛超标的新闻报道，信息化系统可自动监测本企业是否采购了同款产品，从而让企业品牌营销管理团队迅速了解情况，确保快速制订危机处理方案。其次，对外部品牌危机诱因的监测，需考虑人工检索和互联网自动监测系统综合运用的方案，让互联网监测服务于舆情监测管理人员。人工检索可根据企业品牌危机发生过程的实时动态调整外部搜索范围，但人工检索又过于依赖搜索引擎等，搜索方式较为片面，比较难于发现全部信息，且执行者个人判断偏差容易误导预警系统决策；互联网自动监测系统可以根据企业设置的检索关键词，在覆盖的范围内通过元搜索技术与互联网爬虫来采集大量相关信息，并通过人工智能技术进行初始甄别和分析，从而为企业提供可供评估的监测结果，但是互联网监测对信息的分析过于机械化，存在重要信息滞后以及对特殊状况下的品牌潜在危机难以精准识别的问题。因此，采用两种方案同步应用的方式，相辅相成，有利于外部监测的目标实现。

2. 完善品牌危机识别功能系统

品牌危机的发生源自微弱的风险诱因，找到诱因，对可能的熵增予以制止，避免企业品牌危机的发生，就是品牌营销管理的工作意义。企业可以运用自身多年来的品牌案例，通过故障树分析法解析出最为底层的风险诱因，设置品牌危机经验知识库，当监测到同类风险诱因时，知识库自动提醒相关部门可能产生的后果，可以对风险识别起到较好的参考作用。其他识别方法还包括：数据分析法，根据企业的财务数据、投资收益数据、销售数据、业主满意度数据等的同比、环比情况，及时发现相关点位的异常，从而倒挂确定是否为品牌因素所引起的变化，是否会导致品牌资产的下降等；定期检查法，可简化工作流程、提升工作效率。

3. 完善品牌危机因素分析系统

企业可以采用专家分析法，由企业专业人员、管理人员以及社会专家组成品牌危机预警小组，针对已经监测到的品牌风险诱因，依据企业经营重点、舆情监测数据、风险发展路径、社会行业状态以及企业品牌预警处理原则等，对品牌危机预警方案的分析主体，主要包括风险因子导致风险发生的概率、风险发生后导致的后果以及消除风险因子损害方案的成本等进行分析评估，从而得出科学的品牌预警方案。

4. 完善科学处理指导系统

结合不同品牌风险诱因，品牌危机处理的指导意见应在坚定促进企业战略发展，不违背社会道德、法律和企业价值观的基础上，对风险诱因进行处理时效性、与企业经营目标对抗力度等多维度评估。从品牌危机的消除、降低、转移和承受四个维度，确定品牌危机处理方案。对风险诱因的处理意见应考虑可执行性、外部舆情环境的动态变化以及各业务部门常态化考核机制。

5. 丰富品牌危机监测运行工具

企业应运用好现有的互联网信息化办公系统，联动信息化中心共同搭建品牌预警管理系统。设置企业日常运行的工作流程跟进系统、营销管理系统、外部监测系统、企业品牌危机经验库等与品牌预警管理系统的接口，及时获取各业务条线涉及品牌监测的数据、信息、异常表现等。在系统分析能力上，利用基础权重分析法，针对已监测数据，根据概率、影响力和成本等设置固定权重，结合专家意见调整法，通过系统迅速得出风险因子。

第四章　"互联网＋"背景下品牌营销的渠道

当前，企业赖以生存的传统营销渠道的弊端日益凸显，借助互联网营销渠道转型升级既是企业面临的机遇，也是企业面临的挑战。因此，在"互联网＋"背景下，企业要积极拓宽互联网营销渠道。本章分为电子商务与品牌营销、微信与品牌营销、App 与品牌营销、网络论坛与品牌营销四部分。

第一节　电子商务与品牌营销

一、电子商务概述

（一）电子商务的概念

电子商务（简称"电商"）是一个不断发展的概念，在学界还没有一个统一的定义。联合国国际贸易法委员会认为，所有使用数据电文的商务交易领域都应该被电子商务涵盖，并且在 1996 年通过了《电子商务示范法》，以法律的形式规定了该观点。数据电文指依靠电子、光学或类似手段，产生、交互以及存储的信息。早在 1997 年就有国外政府机构以及经济组织对电子商务下过相应的定义，如经济合作与发展组织给电子商务下的定义为，在交易中涉及电子数据的处理以及传输的商务交易就属于电子商务，横向以企业之间的交易为代表，纵向以企业与消费者之间的交易为代表。同年，美国政府也给电子商务下了定义，提出以互联网为媒介进行的相关商务活动就是电子商务，并且在《全球电子商务纲要》中对这一定义进行了体现。我国著名的法学教授王利明在《电子商务法律制度：冲击与因应》中就电子商务做过相关的论述，其将电子商务分为广义与狭义两大类[①]。只要通过互联网进行交易以及进行与交易相关的事项就是狭义的电子商

---

① 王利明. 电子商务法律制度：冲击与因应 [M]. 北京：人民法院出版社，2005.

务，而将信息技术运用到电子商务中，并促成商务活动电子化的有关活动则是广义的电子商务。

通过以上定义可知，电子商务是依托电子信息技术的发展而形成和发展的一种新型的商务。2018年8月31日召开的第十三届全国人民代表大会常务委员会第五次会议通过了《中华人民共和国电子商务法》，该法于2019年1月1日实施。该法的第二条对电子商务做了如下规定："本法所称电子商务，是指通过互联网等信息网络销售商品或者提供服务的经营活动。"至此，我国第一次从法律层面对电子商务做出了界定，国家对电子商务行为的认定有法可依。由此可见，当前电子商务在我国主要指狭义的概念。

（二）电子商务的构成

从本质上说，电子商务是一种基于线上的商业活动，所以它也具备普通商务活动的特征，涵盖商城、消费者、商品和物流等基本要素。

1. 商城

商城是开展电子商务活动的主体和基础，它是通过互联网技术搭建的线上交易平台。电子商城是整个电子商务业务的核心载体，主要包括两大部分：一部分是电子商务前台，主要供消费者注册登录、挑选商品、完成购买商品的全链路操作；另一部分就是商家后台和运营管理后台，主要用于商家对商品的管理以及平台管理者对商家的管理，最终实现平台、商家和消费者的正向循环，保证电商业务的有序开展。

2. 消费者

在电子商务中，电商活动的结果如何，消费者是一个非常重要的影响因素，包括他们的购买数量、购买频次等。只有吸引源源不断的消费者，提供物美价廉的商品，准确把握消费者的需求，提供高效的配送服务，电子商务才能得到快速发展。不仅如此，每个企业都会有侧重点地圈定自己的核心用户，如淘宝作为我国最大的电子商务平台，其打造的全品类商城提供大而全的全服务场景，以敏锐把握消费者偏好而著称，服装和女性消费者占比较高；不同于淘宝，京东主打自营店铺和自营物流，注重商品和服务质量，电脑数码和男性消费者占比较高；不同于淘宝和京东，拼多多则主打物美价廉，注重供应链的成本控制，三四线下沉市场消费者占比较高。不仅如此，这里谈到的消费者是相对的，因为电商企业不仅为购买商品的消费者提供服务，也为提供商品的商家和供应商提供服务和数据化支持，所以从某种程度上讲，商家和供应商也是电商企业的消费者。

3. 商品

商品是电子商务中的核心要素之一，从传统的线下商业活动到线上商业活动，本质上都是物物交换，只不过载体和交换方式随着时代的发展发生着变化。电子商务主要通过线上展示最小存货单位、标准化产品单元、属性（关键属性、非关键属性、销售属性）、类目品牌、价格等有关商品的数据信息促成购买，包括实物商品和虚拟商品。商品是电子商务过程中用户的核心诉求，是电子商务活动中不可或缺的要素之一，不仅如此，商品以及服务的效率和质量直接影响着电子商城的用户活跃度及用户留存情况。

4. 物流

不同于传统实体店一手交钱一手交货的商业模式，在电子商务平台上，消费者面对的是全国乃至全球的海量商品，电商企业通过线上商城连接需求侧和供给侧，这样的消费场景需要物流配送系统进行全面的支持。电商企业的商品交易信息流和物流供应链的数据物流对电子商务活动都十分重要，只有二者相辅相成、有效衔接、高效合作，整个产业链的不同环节才能贯通。物流行业是目前发展速度最快的产业之一，物流配送在电子商务活动中的重要性不言而喻，而且物流配送的速度和服务质量也影响着消费者的决策。尽管电子商务在不断发展，也催生了 O2O 这种线上支付、线下享受商品或服务的新模式，但在电子商务活动的开展中，物流依然是非常关键的。

（三）电子商务的特点

1. 交易虚拟化

电子商务的整个交易过程不需要在线下进行，依靠网络和信息技术即可达成交易，完全实现了虚拟化，打破了时间和空间对整个交易过程的限制。

2. 交易成本低

通过网络平台进行信息传递会比电话、传真、信件传递信息的成本低，不仅降低了时间成本，还减少了重复录入数据信息的频次，降低了信息成本。此外，电子商务通过网络宣发产品，实现了无纸贸易，减少了中间烦琐的交易环节，降低了营销成本。

3. 交易透明化

互联网及时、迅速的信息传递功能在一定程度上印证了整个交易过程产生的信息，从而防止虚假信息的流通。

4. 交易效率高

电子商务能够在无人干预的情况下完成整个交易过程，并且以最短的时间完成各个环节，相比传统交易方式交易成本高、错误率高、完成速度慢等特点，电子商务显得更加方便、快捷。

5. 交易国际化

电子商务作为一种新的社会经济形态，使中小企业也能用较低的成本实现跨境交易，在全球各地获得更多的客户、更好的供应商和合作伙伴。

（四）电子商务的模式

电子商务模式是以互联网技术为基础的商务运作及盈利模式，包括以下几种类型：

1. B2B 模式

B2B 模式是企业和企业之间的模式，企业通过线上渠道寻找优质合作伙伴，某种程度上是企业之间产品和服务的打通，也是电子商务中最核心的模式。B2B 模式发展较早，也相对成熟，阿里巴巴就是这一领域的典型企业，其成功地将各个业态的上下游企业通过线上平台进行直接连接并支持高效沟通和订购，帮助企业随时订购商品，降低了采购成本和仓库存储成本，同时，上游制造商可以通过订购数据调整自身产能，实现有计划的生产。从企业发展角度来看，该模式可以帮助企业降低成本，并提高生产率，使得企业获得更多的商业机会。该模式把企业和企业以及上下游之间的信息进行优化和整合，然后发挥互联网的作用，推动企业之间的交易。B2B 模式通过发挥企业内部网络作用，促进物流信息的传递，同时结合上中下游厂商，促进供应链整合。也就是说，通过利用 B2B 模式，企业内部信息流通成本会更低，而且能够推动企业之间的交流，降低企业总成本。

2. B2C 模式

B2C 模式发生于企业和消费者之间，也就是消费者直接通过互联网参与电子商务商品购买，可以认为是线上化的零售商务。随着互联网技术的发展，线上销售也迅速发展。在这种模式下，大多数企业将线上及线下销售渠道相融合，相辅相成，共同发展，或者一些企业为了节省线下开实体店的巨大成本，直接开设网络店铺，消费者在线上挑选商品后直接线上支付，企业通过物流配送的方式将商品送到消费者手中，线上平台通过佣金、服务费和增值服务获取利润。

3. C2B 模式

C2B 模式主要针对消费者和企业。该模式具体指的是消费者根据自身需求定制产品和价格，或主动参与产品设计、生产和定价，产品、价格等彰显消费者的个性需求，生产企业进行定制化生产。C2B 模式是一种消费者占主导地位的电子商务模式，改变了以往消费者被动接受商品的情况，在这种模式下，消费者更容易获取符合自身特定需求的商品，线上平台从中赚取佣金。

4. C2C 模式

C2C 模式主要针对消费者之间。在这种模式下，每个消费者具备买方和卖方的双重身份，可以将商品展示在线上平台进行销售，最终达成交易，也可以通过线上平台购买自己喜欢的商品。最典型的例子就是闲鱼，商品在不同的消费者手中流动，一方面避免了个人不使用的商品闲置造成的浪费，也为需求方提供了一个购买途径，平台可以从中赚取佣金。

5. O2O 模式

O2O 模式俗称"网络导购"模式，这一模式完美地将线上和线下进行了对接，实现了互联网的落地。对消费者来说，他们在线下可以了解线上产品的情况，包括其价格，同时又能够获得线下的服务。前面四种电子商务模式都对线下实体业务有一定的冲击，O2O 模式则有效避免了这一弊端，实现了线上和线下的共同发展。

（五）电子商务的功能

在如今网络发达的年代，人们可以在互联网上进行金融交易、商务交易以及一系列综合性交易，方便又快捷。电子商务的功能如下：

1. 网上支付

电子商务的优势就是不需要使用现金，给交易带来了极大的便利。人们可以通过支付宝、微信、各种银行 App 进行交易，省去了很多人工费，但是网上支付也需要警惕诈骗行为。

2. 网上订购

交易双方可以通过指定官网进行网上商品的选购，平台的权威性让购买者更加信赖，并且客户可以在填好订单之后核对相关信息，确保信息的正确性，一般网站都会对消费者的信息进行加密，防止信息外泄。一些大的电商平台还提供退货、换货以及售后保修等一系列服务，产品质量也能得到较高的保证。

3. 广告宣传

电子商务可以在网站上发布各种商业信息，网络广告成本低，且浏览量大，一个页面可以设置多个广告，利用名人效应进行网上广告宣传是非常合适的。并且网站可以根据顾客的浏览记录进行大数据分析，摸索出顾客的喜好、偏向，从而有针对性地推送顾客感兴趣的商品广告。另外，给注册过的会员发邮件也是一种低成本的宣传方式。

4. 意见征询和咨询洽谈

电子商务的优势之一就是可以方便快捷地以调查问卷的形式进行意见征询，可以是填空题，也可以是选择题，这种反馈的形式可以不断提高服务水平和商品质量，使平台不断改进，扩大市场，吸引更多的顾客。除此以外，还可以视频会议的形式进行咨询洽谈，如我们较常用的腾讯会议 App，可以实现多人随时随地进行交流。

5. 管理交易，传递服务

由于网上订购、采购货物信息是可以进行追踪的，有利于对交易的管理，避免了信息的不透明化，使交易活动更加规范化。网站可以不断更新货物物流信息，即使货物跨省也能够实现对物流的追踪，有利于货物安全送到顾客手里，实现服务的传递。

（六）电子商务发展现状

1. 整体保持快速增长的态势

我国的电子商务总体上保持飞速发展，且在新零售市场领域的表现尤为显著。根据商务部的数据，2012 年我国电子商务交易总额为 8.1 万亿元，2022 年则达到了惊人的 43.83 万亿元，呈现出惊人的快速增长势头。由此可以发现，在新零售市场中，电子商务本身具有巨大的发展潜力，已经成为推动国民经济快速发展的加速器。

2. 企业数智化速度明显加快

在信息化建设的背景下，大量传统行业纷纷转向电子商务经营模式，以茶饮行业数字化转型为例，该行业围绕自身特色和市场优势开展差异化电子商务，催生出很多好看、好喝、好玩的茶饮周边。未来电子商务的应用将会渗透到社会的方方面面，如银行、农产品、保险等领域，必然会呈现出纵深发展的局面。

3. 不断完善的电子商务体系

随着我国经济实力的不断增强、电子商务体系的不断完善，电商模式也在时刻变化中，电商平台得到较大的发展，市场上一些全品类覆盖的综合性平台、主打市场细分的垂直性平台以及企业自营平台等，逐步转型为独立的第三方平台。随着电商平台之间的竞争加剧，企业之间的差距越来越大，第三方平台各方面功能日趋完善、高度分工，大数据与物联网不断成熟，全能型的电商平台开始出现。

4. 不断向纵深发展的跨境电商

在国际经济形势不断好转的情况下，中小型外贸企业利用跨境电商取得了优异成绩。同时，在跨境网上交易平台不断完善、跨境物流高速发展、网络支付结算技术日益成熟等条件下，跨境电商模式取得了巨大的成绩，促使国内产品通过线上会展、网络交易平台等拓宽市场渠道，实现电子商务的纵深发展。

（七）电子商务发展新趋势

在国家"互联网+"行动计划的号召下，传统企业加速电子商务的转型升级。电子商务的发展会成为商业发展的一部分，所有企业在不久的将来都将会拥有电子商务的业务。例如，阿里巴巴投资苏宁，成立天猫超市；曾经主打线上市场的网易考拉、Keep、当当网等纷纷走上线下扩张之路。对品牌商家来说，一旦线上人气达到瓶颈，尤其是对于拥有固定"粉丝"群体的大型电商卖家来说，开展线下服务必然会成为大势所趋，这必然会成为O2O发展的新趋势。"一带一路"倡议必将加速跨境电商的发展，中国与沿线国家将继续在相关政策方面保持沟通与协调，这必然会为跨境电商的蓬勃发展提供良好的机遇。同时，海关也会优化通关服务，加速海关系统与跨境电商系统之间的融合，构建效率更高的物流体系，从而为中国企业跨境电商"走出去"打下扎实的基础，指引中国跨境电商实现新的突破。

二、电子商务品牌化营销策略

目前，电商行业中的部分企业没有清晰的品牌定位，只是一味地在产品上下功夫，通过扩大产品经营范围来提高利润，而忽略了对品牌的塑造。

从长远来看，这样的营销思维是不妥的，它只能带来短暂的业绩提升，却不能推动企业品牌实现可持续发展。因此，品牌电商在进行商品营销时，应通过有效的营销策略来提升品牌的价值。

（一）整合并优化品牌资源

在整合、优化品牌资源的过程中，电商企业首先要快速完善供应链的各个环节，包括产品制造环节、产品销售环节、流程控制环节、客户服务环节，将这些环节结合电商企业自身的优势品类，重新进行品牌定位。

将优势品类和供应链环节相结合重新进行品牌定位的目的是让电商企业从"低价商"和"批发商"的定位中走出来，树立高大上的品牌形象，为将来的竞争奠定基础。

对品牌电商而言，最核心的资源就是产品和服务，因此整合优势产品和服务，让产品和服务被消费者接受才能树立真正具有价值的品牌。

除整合资源之外，优化网络技术资源也是树立品牌的一个重要策略，包括网页设计、细节展示、虚拟购物环境设计、客户关系处理，这对品牌的发展和培育有着直接的促进作用。

（二）多角度地满足用户需求

电商企业要根据以下三个方面多层次、多角度地制定营销战略。

1. 购物氛围

网上购物氛围是值得电商企业重视和开发的一个领域，良好的购物氛围能够增强客户的购买欲望，同时也能提高用户对企业品牌的认知度。

2. 服务

服务的优劣已经成为客户评定企业是否优良的一大标准，好的服务能够帮助企业品牌更好地传播。服务主要表现在以下几个方面：产品描述，客服态度，页面设计的舒适度，配送服务，售前、售中、售后服务。

3. 性价比层次

给顾客提供质量上乘、价格合理的高性价比产品，更有利于消费者对品牌的认知。

（三）品牌包装是必不可少的环节

除整合优化品牌资源，并根据目标群体创建个性化的、鲜明的品牌形象之外，进行适当的品牌包装也是必需的。品牌包装的方式主要包括两种：①借势包装，即与其他品牌进行捆绑，不仅能够增强品牌的权威性和公信力，还能大大提高产品销量；②通过网络营销方式进行包装，如微博、微信等，能够快速吸引用户眼球，形成营销热点，刺激用户消费。

（四）建立品牌经营团队

一个优秀的电商品牌经营团队是一个电商品牌能够运作成功的前提，而一个优秀的电商品牌经营团队要先确保人才的储备，然后才能建立完善的品牌运作模式。同时，在遇到品牌公关危机事件时，也需要能够将品牌危机化险为夷的人才。对品牌危机处理人才的要求主要包括三点：掌握网络品牌危机处理的方法；掌握网络品牌危机公关信息的收集方法；能够对危机进行正面的回应。

第二节 微信与品牌营销

一、微信概述

（一）微信的概念

微信是腾讯旗下一款集聊天、信息分享、广告营销、支付等于一体的多功能社交软件，目前可通过电脑、手机、平板电脑等设备进行使用。"微信，是一个生活方式"，正如其宣传语一般，自2011年1月21日推出后，微信便不断影响着人们日常社交的行为方式。

截至2021年3月，微信共开发了9个平台版本，其中Black Berry平台（2014年6月25日后停更）、诺基亚Series平台（2013年10月21日后停更）、塞班Symbian平台（2013年2月1日后停更）、Windows Phone平台（2015年2月6日后停更）、Web微信（2016年12月5日后停更）5个平台已经停止更新，现存更新的平台包括Windows平台、Android平台、iOS平台、Mac平台。

截至2022年6月30日，微信及WeChat的合并月活跃账户数12.99亿人，同比增长3.8%，幅度不大但持续保持增长态势，令人瞩目。微信小程序日活跃账户数突破5亿人，交易总额保持快速增长，进一步渗透零售、餐饮及民生服务。

值得注意的是，腾讯的收费增值服务付费会员数同比增长 6% 至 2.39 亿人。得益于改编畅销的漫画及小说 IP，腾讯视频拥有付费会员 1.24 亿人。在音乐方面，受益于优质内容及用户付费意愿的提升，付费会员数增长至 8 000 万人。

（二）微信的优势与劣势

1. 微信的优势

（1）使用简单，操作便捷

微信 App 下载免费，申请账号即可使用，便于群体广泛推广，适合用作辅助教学平台。

（2）即时交流，形式多元化

与其他通信软件相比，微信可以即时回复信息，可以单独或群组交流，并且能够以多种形式传递消息。

（3）互动性强，推送资源丰富

微信公众平台最大的优势是可以推送海量的资源，而且用户可以根据自身需要选择内容。

2. 微信的劣势

（1）辅助教学层面

①知识碎片化。任何事物都具有其优势与弊端，微信的弊端在于只能发送分解片段，无法进行整体教学，使得学生在学习过程中需要花费大量时间整合学习内容。网络资源中的知识体系不完整，需要大量时间去整合，无形中增加了教师的工作量，也对教师的素质提出了更高的要求，教师需具备清晰的逻辑框架体系。

②微信自身的功能局限性。微信在功能设置上有一定的限制，如语音时间只有60秒，这使得教师无法完整地表达自己的理念，需多次发送，连贯性较差。另外，公众号一天不能进行多次推送，难以满足教师的教学需求，这些限制也需要进一步的改善。

（2）微信内容层面

①内容质量劣势。微信相较于各大新闻门户或传统媒体的一大缺陷就是消息内容质量有待提高。微信的自由开放导致编辑者大部分是独立的个人，他们中的一部分人没有很高的学术修养，也没有接受过编辑写作方面的训练，而且对时事新闻的嗅觉不敏锐，内容缺乏新意，所以他们写出的文章与专业媒体人写出的文章有一定差距。还有一个问题就是现在自媒体人多如牛毛，而真正能写出高质量内容的自

媒体人却少之又少，导致自媒体人之间的抄袭问题时有发生。

②内容可信度劣势。由于自媒体数量非常多，竞争非常激烈，极个别不道德的自媒体人会故意撰写一些虚假信息来吸引眼球，提高转发量。有些不明真相的人便会转发传播，导致虚假信息越传越广。

二、微信营销概述

（一）微信营销的概念

微信营销是商家利用微信平台向消费者推广商品，进而达成交易的一种新型社交电子商务。商家与消费者可以不受距离的限制，实现双向沟通交流。微信营销与传统营销的最大区别是，传统营销"以商品为中心"，更加注重商品本身的属性；而微信营销"以消费者为中心"，更加注重消费者的切身感受，致力于满足消费者的实际需求，向其提供特定的、个性化的服务。因此，微信营销是在互联网的大背景下，商家依靠人脉资源，借助微信平台的交流互动功能向消费者提供个性化商品或服务的电子商务。

（二）微信营销的特点

微信营销作为移动互联网时代的新兴产物，其独特的优势被许多企业关注，越来越多的企业开始通过微信建立自己的微信公众号和微信小程序，对企业和产品进行营销。微信营销的特点主要有以下几个：

1. 流量基础强大，营销成本较低

微信依托强大的腾讯系背景，拥有着通过QQ等留存下来的大量客户，再加上这几年与通信相关的基础建设突飞猛进，整个微信的生态圈有了特别巨大的流量基础。微信与腾讯固有的用户（QQ体系的用户）关联产生的流量基础使微信营销在诞生之初就有了大量的流量红利。

由于流量基础强大，微信获取流量的成本也大大降低。原来企业想推广企业本身或自己的产品，只能通过传统的营销方式（电视广告、期刊广告等）进行，这种方式通常会耗费大量的人力、物力，虽然这几年微信的营销成本越来越高，但是与传统营销方式相比，主要的成本只是流量费用，依然显得十分低廉。

2. 信息有效性高，营销定位精准

企业可以利用自己的微信公众号或微信小程序对客户进行相关的推送，让客户准确地了解与行业相关的资讯和企业的官方信息，可以保证信息的有效性。同时，客户在对企业或其产品感兴趣时，可以扫描二维码或输入手机号码添加官方微信，能有效地接收到企业的官方信息。

通过微信公众号或微信小程序，企业不仅可以向客户推送他们关注的信息，还可以建立自己的客户数据库，形成自身的私域流量，使微信成为企业和客户之间沟通的桥梁。企业能够通过用户的分组分级和地域控制，把握各种客户的特点，将信息推送给目标客户，使推广信息更加精准地触达目标客户。

3. 信息交互性强，营销模式多元

微信的载体一般是智能手机，由于手机的智能化程度越来越高，微信营销的交互性变得越来越强。企业可以通过位置签名、二维码、微信公众号、微信小程序等进行多种互动营销，这些模式各有特点，企业可以根据自己的客户结构，选择不同的模式组合，让营销本身变得更有趣味性。

（三）微信营销的模式

1. C2C 模式

微信营销模式主要是 C2C 模式。个体只要拥有微信号，就可以利用微信平台买卖商品。由于规模过小，大多数商家没有资质，无须在市场监督管理部门登记，也不受监管部门的制约，只要有充足的微信人脉资源，并且熟悉微信操作程序，就可以在微信平台展示商品，通过发布朋友圈或者分享商品链接，依靠商品的吸引力引导消费者购买。微信上展示的商品并不会明码标价，如有购买意愿，消费者会主动向商家询问价格，在了解商品的详细信息之后再实现交易。买家通过微信的支付功能，将货款以转账或发红包的方式支付给卖家，无须经过第三方支付平台。

C2C 模式下的微信营销，投资少、门槛低，较为适合初期创业的个体经营者。得益于微信的社交功能，当交易达成以后，商家和消费者之间的信任也会随之建立，保障了长期稳定的客户来源。这一经营模式也有一定的弊端，由于交易主体单一，缺乏第三方支付平台的保护，相关监管部门不宜介入，容易出现虚假宣传、夸大商品价值、品牌鱼龙混杂、质量良莠不齐、消费者权益无保障等问题。

2. B2C 模式

随着电子商务的快速崛起，实体销售不断转型为网络销售，如当下的微信营销。B2C 模式下的微信营销，企业拥有自己的微信公众号，利用微信的广告裂变效应、传播裂变效应，吸引越来越多的消费者关注公众号，再通过公众号发布并宣传各类商品，引导消费者产生购买意向，最终促成交易达成。

这种模式下，企业应完成相应登记，并且在得到微信平台官方认证后，才能获取经营许可。微店就是 B2C 模式下的微信营销平台，特点是规模较大、知名品牌众多、大多企业具有较好的市场口碑，并且需要向微信官方缴纳一定金额的保证金。相较于 C2C 模式，B2C 模式下的微信营销更能保障消费者的合法权益。

3. B2C2C 模式

B2C2C 模式，即"企业—渠道—客户"模式的电子商务。对供货商而言，电商平台代替了传统供货渠道；对代理商而言，货物直接从厂家发货，无须库存，资金风险也几乎为零；对顾客而言，购买后，产品直接由厂家发货，省去了中间商，更易得到物美价廉的产品。

这种模式建立在"消费资本论"的商业框架基础上，最大的特点就是消费者在消费的同时也获得了利益，消费者黏性更大、信任感更强。在交易环节，B2C2C 模式与 C2C、B2C 模式明显不同。B2C2C 模式分为两种交易方式：第一种是中间代理商向上级商家购买商品，再向消费者售出，赚取差价；第二种是中间代理商只负责产品的推广与宣传，达成交易后，由上级商家直接给消费者发货，中间代理商赚取约定利润，中间代理商与消费者并不直接产生交易。

（四）微信营销的方式

1. 朋友圈

朋友圈营销的方式分为以下两种：

（1）个人用户的朋友圈营销

商家可通过设置朋友圈可见范围，进行范围内的宣传造势，营造好口碑，进而将产品卖给朋友、熟人，可以附上商品或服务的图片、链接、二维码等。也有部分商家通过让消费者转发、点赞获得折扣甚至免单的形式进行宣传。

（2）朋友圈植入广告

商家可通过设置年龄、教育条件等，将营销内容精准投放到某一类客户的朋友圈中，通常右上角会标注广告字样，同时兼具评论的功能，可以实现朋友圈内用户互相沟通的功能。

2. 微信公众号

（1）微信公众号的概念

在我国信息技术蓬勃发展的影响下，微信作为一种特殊的沟通、互动的生活方式，受到广大用户的追捧。微信的不同功能逐渐被开发，并被运用到各个不同领域。

2012年，腾讯正式推出微信公众号。通过微信公众号，任何个人和企业都可以建立专属于自己的信息发布平台，并通过这一平台实现与客户的交流互动。个人和企业建立微信公众号的目的，主要是发布信息和进行共享等，简单来说就是进行一对多的媒体性行为活动，微信公众号现在已然成为一种主流的营销方式。即使微信用户并非微信公众号的用户，但微信公众号背靠微信十几亿人的用户群体，有着很好的用户基础，因而具有极强的公众性。相对于其他推广方式来说，低进入门槛的特点使得微信公众号的创建变得极为简单，无须制作费用，不论个人还是企业。同时，一个微信公众号的发展、壮大需要运营者具有一定的创造性，定时发布优质内容来吸引用户关注，并开展活动，由此增强账号的用户黏性，然后挖掘用户价值，以获得收入。

（2）微信公众号的特征

①微信公众号具有独立性。个人或企业若要申请注册微信公众号，必须在腾讯推出的微信公众平台进行免费申请。每一个微信公众号在初始申请设立时仅为一串数据代码，微信公众号的初始申请注册者应为该账号设置名称，且不得与已存在的微信公众号名称相同。每一个微信公众号经过特殊的程序运行生成确定且独立的名称，使得不同账号具有特殊性和唯一性，因此，微信公众号具有可区分于其他网络资源和属性的稀缺性。

②微信公众号具有虚拟性。在以图像、声音、信息等电子文本形式存在的网络世界，任何人都可以匿名或以虚拟身份发表言论或结交朋友，这就是网络的虚拟性。同样，微信公众号作为一种账号数据存储在网络空间中，对其他人来说，账户主体的身份是虚拟的、不可知的，不占用任何物理空间，它只存在于微信平台。因此，微信公众号是虚拟的，却是现实存在的。

③微信公众号具有可支配性。微信公众号生成于微信公众平台，其存储也依赖微信公众平台。微信公众号不仅可免费申请注册，而且其使用方式并没有时间上的限制，主要取决于微信公众平台运营商的经营状况。微信公众号虽然具有虚拟性，但微信公众号的注册申请者可以通过对其拥有的账号设置密码来防止他人更改、增删自己注册申请的账号资料，虽然注册申请者不能跨系统使用和转让，但账号的拥有者有权决定公众号的转让，因此，微信公众号具有可支配性。

④微信公众号具有可变现性。微信公众号上线后，功能不断丰富。微信公众

号拥有者在运营过程中可以获得现实世界的金钱收益，并非局限于虚拟世界。一方面，企业微信公众号弥补了所有客户关系管理单向交流、应用烦琐、体验不佳等的不足，可以更加高效地实现交互，提升沟通、互动效率，是新型企业资产的载体。微信公众平台具有管理客户关系的功能，企业可借助这一功能产生极深的客户影响，从而更加快捷地实现资源变现、客户增值。另一方面，个人微信公众号比企业微信公众号更容易实现价值变现。从运营微信公众号产生的劳动价值来看，公众号运营商投入时间和精力去运营账号，赋予微信公众号劳动价值。微信公众号运营者还可以通过撰写夹杂广告的软文或好物笔记去宣传广告商的商品，获取相对应的广告收入、导流收入等，等微信小程序上线后，还可通过微信小程序中的线上商店提供产品或服务来获取相对应的收入。在商业植入和未来的发展前景方面，个人微信公众号更为精准、更具影响力。

3. 微信小程序

（1）小程序的概念与特性

小程序是一种不需要下载安装就可使用的应用，具有触手可及、用完即走、无须卸载的特性，同时由于其混合了 Web 技术与原生应用的优势，能够以较低的成本获得较好的功能特性，深受当下程序开发者与市场的欢迎。

2019 年 9 月 12 日，万维网联盟发布《小程序国际标准化白皮书》，首次对市面上出现的各类小程序提出规范，其核心内容及相关技术特点如下：

①视图事件分离，扩展原生功能。在小程序中，视图层通常与逻辑层分离。视图层负责渲染小程序页面，包括 Web 组件和原生组件渲染（通常可以看作混合渲染）；逻辑层则由 JavaScript Worker 实现，负责相关事件处理、周期管理等。

②内容一次加载，多种渠道进入。小程序的相关资源文件通常被提前打包在一起，下载并安装小程序的文件后，显示应用程序页面所需的所有静态、样式、脚本文件等都在设备上一次性加载完成，无须额外下载其他内容即可使用。

不仅如此，小程序的内容可以通过卡片等形式作为入口单独暴露出来，这就使得其内容可以适应各种宿主环境，而无须二次开发，通过关联多种使用场景，更加便利、高效。除了下载/安装的传统获取方式，小程序还支持其他组件进入，如通过关键字搜索、识别图扫描、二维码跳转等。

③标准化程度高，系统负载轻快。小程序平台由于继承了原生应用的许多特点，兼容丰富的开发组件和应用程序接口，能够在提高开发工作效率、降低开发成本的同时提高设计的一致性。这一点往往是通过官方或第三方提供的标准化

组件来实现的。其中应用程序接口通常与预制组件绑定，单击特定组件时将调用相关的应用程序接口来完成对原生系统功能（如开启摄像头）或其他小程序的使用。

另外，小程序的运行环境在启动之前已经构造完成，相关宿主功能也无须额外获取，启动速度快、页面渲染迅速，使得用户等待时间短；由于渲染环境数量有一定限制，当环境关闭或超出限制时，冗余的渲染内容将被清除。因此，小程序往往精简不冗杂，不会给用户设备造成太大的负担，能够满足大多数用户使用的条件。

④图形接口丰富，支持增强现实（augmented reality，AR）。不再局限于二维图片与文字，拥有丰富细节的三维模型在线上产品展示场景中能够丰富用户体验，与之结合的 AR 技术则蕴含着更大的可能性。

现有的 AR 应用程序通过调用设备的真实空间信息，并与虚拟空间位置关联，从而实现对虚拟空间摄像机矩阵的构造。这种方式使三维对象可以在实际场景中投射，从而使显示内容更具临场感。

（2）微信小程序的概念

对于微信小程序的概念界定，最为权威的当选微信创始人张小龙给出的定义。他认为微信小程序是一种无须安装下载、触手可及、用完即走、无须卸载的轻型应用。继张小龙之后，不少学者都对微信小程序进行了定义。学者王玉洋认为，微信小程序是一种运行于微信应用中的无须下载、即开即用的与 Web 应用类似的应用形式[1]。我国学者赵雪芹和王少春将微信小程序定义为在微信上运行，依托云计算技术随取随用的一种轻型应用[2]。另外，还有一些学者进行了相关定义，在此不予赘述。

（3）微信小程序的基本特性

①微信小程序的业务特性。虽然在技术特性上各类小程序大同小异，但由于许多原生特性的实现依赖宿主程序的供应，不同平台中运行的小程序仍然有着不小的差别。在众多类型的小程序中，微信小程序背靠腾讯平台，因此有着独特的业务优势，主要包括以下两个方面：

一是社交流量大，易推广传播。虽然互联网技术是开放的，但各大平台为了自身私域流量不流出，常常采取"闭环"的手段防止与其他软件进行互通。用户

① 王玉洋.基于微信小程序的移动学习平台环境构建与系统设计开发［D］.南京：南京大学，2018.
② 赵雪芹，王少春.微信小程序用户持续使用意愿的影响因素探究［J］.现代情报，2019，39（6）：70-80.

将淘宝商品链接分享到微信的过程中，并不能直接进行页面跳转分享，而是需要淘口令来复制、粘贴。这一操作不仅增加了用户的操作成本，也直接增加了商家在社交平台与商品平台之间推广和传播的成本。

对微信小程序来说，其内容、生产、传播与消费一体化的"应用生态"，是其他独立开发的软件无法比拟的。微信本身用户基数大、社交属性强、易扩散等特点，使得微信小程序凭借微信本身的优势可以进行低成本的运营和传播。

二是开发成本低，多场景互通。小程序想要实现某些原生功能，需与宿主环境进行通信调度。依托微信应用程序的原生功能接口，微信小程序可以轻松实现登录、支付、分享等基本功能，降低了开发成本和后期维护升级的成本。同时，由于微信倾向适配用户使用链路，微信小程序也可以与平台内外的场景互相打通。不仅能够与内部二维码、公众号、服务号、视频号连接，也能够与外部的短信、网页、识别码等内容连接，增强了用户的体验感。

②微信小程序的技术特性。相较于其他小程序高度依赖移动网页的特性，微信小程序开放了大量微信自身功能的调用接口，由于这些特性是在原生应用上执行的，其运行效率更高，也更贴近原生程序的体验。

4. 微信群

（1）微信群的概念

微信群是一种特殊的社区，既具有传统社区的社会共性，又有互联网虚拟社群的特性。社区又被称为社群，传统社区是指随着自然的发展而形成的具有相近居住环境、共同利益的一群人，共同性和互动性是传统社区的属性。在线社区又被称为虚拟社区，是人们通过在互联网上公开讨论，形成的具有情感、信任等属性的虚拟空间集合体，具有传播范围广、表达自由度高等特点。

微信群是腾讯推出的一个多人聊天交流平台，是在熟人联系的基础上形成的多样的组合关系，突破了亲缘、时间等局限。

（2）微信群的特点

①微信群入群门槛低。互联网具有实时性、自由性、开放性等特点，使得所有用户能够更方便地使用互联网。微信群作为一种新兴的网络社群，依托微信这个网络平台，具有互联网自由、开放的特点。用户加入微信群时并不需要具备优秀的教育背景，也不需要付出额外的资金，只需一个二维码或者是熟人的邀请。

微信群的所有者和使用者，只需导出或扫描群二维码，就可分享或加入该群，而扫描二维码的用户可以是使用互联网的任何人。同时，微信群缩短了人们之间的距离，形成了"二度空间"，也就是说，两人想要沟通，只需中间一个人的联系即可。

②群用户多元且地位平等。微信群的出现改变了人们的生活和交流方式，它是由现实中的亲友、同学、同事组成的强联系和由个人偶然造成的弱联系相结合的一个平台。虽然是弱联系，但通过延伸的关系网，世界上原本毫不相关的人也可以通过中间网络联系到一起。这种庞大的关系网络和入群门槛低的特点，使得任何人都可以通过扫码或推荐加入某群。

微信群用户的多元化意味着用户可以接触到不同阶层、年龄的其他用户，同时这些用户也会带来不同的话题；而微信群用户的地位平等则可能带来更多的交流机会。

③群内沟通方式多样化。微信群支持多种传播交流方式，多样化的交流方式可以满足用户更多的需求，微信群的使用量和使用范围随之扩大。多样化的传播方式使得用户在浏览群信息时更有效率，不论是交流还是浏览群信息，都需要用户花费时间和精力。

微信群的多种沟通方式促进了沟通的人性化发展，使得群内的沟通更具人情味，以此可以提高群用户的亲和力，有效地拉近用户的距离，彼此之间的信任度也会随之提高。这样的传播方式使微信群成为一个认同感强、可信度相对较高的人性化交流平台。

5.视频号

微信视频号是一个短视频平台，可以发布视频、定位、插入微信公众号链接、直播等，与更多人分享生活和世界。用户可以对视频进行转发、点赞、评论，点击视频可暂停播放，拖动进度条可实现视频的快进和后退。如今，不少微信公众号的创作者、关键意见领袖、品牌、明星以及网络红人等纷纷开通了视频号。视频号的发展历程如表4-1所示。

表4-1　视频号的发展历程

时间	内容
2020年1月	开始内测，单列信息流，支持1分钟视频和9张图片；支持附上公众号链接；支持分享群聊、朋友圈
2020年3月	视频号新增"邀请卡"玩法

时间	内容
2020 年 6 月	支持@、收藏、转发、分享朋友圈；新增"个人关注""朋友推荐""热门推荐"等功能
2020 年 7 月	新增"浮评"和暂停功能；视频号测试朋友圈大图展示
2020 年 8 月	视频号助手开放内测、新增私信、私密账户功能
2020 年 9 月	接入搜一搜入口，视频号推广小程序上线；视频号助手电脑端全面开放
2020 年 10 月	支持 30 分钟长视频；打通小商店；内测视频号直播，直播可带货；公众号支持插入视频号动态卡片；视频号助手数据中心上线
2020 年 11 月	视频号上线朋友圈在看的直播功能；视频号直播内测朋友圈分享置顶，同月下线；新增评论上墙功能
2020 年 12 月	推出推流、连麦、打赏三大功能；直播支持美颜滤镜、抽奖；取消在看人数；在信息流中预约直播；"发现"一栏中新增附近的直播和人；微信个人名片上新增视频号入口；搜一搜上线视频号名人专区功能；推荐页视频改为上下滑屏；视频号主页可按话题标签筛选；点赞长按可设置仅作者可见
2021 年 1 月	视频号发布新增半屏模式、全屏模式选择；公众号图文支持插入视频号直播预约卡片

　　近年来，腾讯积极地开发短视频领域，如上线微视、时刻视频，投资快手等，结果都差强人意。例如，微视诞生于 2013 年，后因视频画面不清晰、运营策略混乱、团队不了解用户需求等在 2017 年 4 月宣告关停。2017 年 5 月微视重新上线，受到抖音的强烈冲击，根据晚点团队 2019 年公开的数据，快手与抖音的留存都在 80% 左右，微视仅有 43%，微视的页面访问量、用户时长均为抖音 1/4 的量级，发展依旧不尽人意。时刻视频于 2018 年 12 月上线，用户的浏览量与创作量也相对较低。腾讯在短视频领域的探索如表 4-2 所示。

表4-2　腾讯在短视频领域的探索

时间	内容
2013年	微视上线
2014年	朋友圈允许发布视频
2015年	公众号允许上传视频
2018年	微视流量补贴；时刻视频、yoo等短视频应用上线
2019年	投资快手
2020年	视频号上线

对比微视，视频号不是一款独立的App，而是内嵌在微信里的微信功能的一级入口，用户在收到新信息或好友点赞某个视频的消息后会有提醒。根据友望数据的统计，2020年10月到12月，视频号数据增长幅度超30%，而作品发布数量近乎翻倍增长；入局玩家不断增多，内容更加丰富；相较于10月，12月的用户点赞增长42%，评论增长30%。由此可见，用户对微信视频号的参与度在不断提升。

6. 直播和附近

打开微信设置通用功能中的发现页管理中的"直播"和"附近"功能，可以打开以下板块：一是直播，包括推荐、同城、购物、游戏、才艺、新闻、教学、日常生活等平台，其中购物频道可以通过微信支付进行购买，也可以实现直播间与主播进行互动，如发消息表达观点、点赞送礼物等；二是附近的人，打开"附近的人"这个功能的商家和用户可以互相看到对方的位置距离以及标签，用户可以通过"打招呼"的形式添加商家，进行产品的咨询。

7. 购物

2019年微信开始与京东合作，在发现页设置"购物"入口，连接的是京东旗下拼购的一个平台——京喜，京喜同样瞄准的是下沉市场，竞争对手主要为拼多多，然而目前京喜在用户中的知名度不高，很多微信用户还不了解这个入口的情况。

总的来说，微信平台上的营销方式较多，而且特点各不相同，目前微信公众号和朋友圈仍然是使用人数最多、效果最明显的两个功能端口。

三、微信品牌营销技巧

（一）高质量的内容

微信品牌营销对内容的要求很高，因为只有丰富、有趣的内容才能吸引用户，因此对于微信公众号的定位，企业一定要非常重视，而且必须精耕细作，通过原创或高质量的转载内容来获得用户的赞赏和青睐。不要只推送一些肤浅、没有意义的内容或广告，这样不仅会让用户反感，还会使用户直接取消关注。

（二）设置自动回复

自定义回复接口有很大的可开发空间，通过自定义回复接口，企业可以宣传企业文化、感谢用户的关注，还能推荐企业活动，如用户可以通过输入关键词"活动"查看最新活动。除此之外，用户还可以通过自定义回复功能为企业提供宝贵意见，而企业则可以在微信内生成微信贺卡、提供微信导航服务、提供智能对话服务等。

（三）与用户多互动

通过微信公众号，企业可以发起一些有趣的活动，以此来调动用户参与活动的积极性，从而拉近企业与用户的距离。除了发布活动内容，企业还可以通过其他方式与用户进行互动，如通过问卷调查了解用户的内在需求，通过设置各类专栏与用户展开积极的互动等。

（四）联合线上和线下

要想做好微信公众号运营，企业就要灵活利用所有线上和线下的推广渠道。将QQ、微博、百度贴吧、天涯论坛等社交平台与微信打通，来提高用户的转化率，同时，还要结合线下的活动、会展、促销等吸引用户的关注。

四、微信品牌营销策略

（一）客户定位

不同的行业、不同的企业经营的产品不一样，因此它们所要服务的对象不一样，如苏宁易购，其经营的方向主要是电子电器之类的产品，因此它的目标用户群是知识分子、上班族、家庭主妇或者对电子产品需求较大的电器商等。

对企业来说，根据商业目标、产品特色或者经营模式来定位客户是很有必要的，因为企业的最终目的是营销，如果对目标群体没有一个准确的定位，那么目标客户数量只是一个数字，对于企业的营销没有任何价值。

精确地定位客户群体就是要明确目标群体。这样做的目的是在做品牌营销之前提高目标客户的精确度，从而更好地实现品牌营销活动。微信客户讲究的是质量而不是数量，如果客户定位准确，那么企业在运营过程中就能够明确每一次沟通、互动、推送的对象是谁，并且了解他们的需求。

（二）内容有趣

1. 内容个性化

说到内容个性化，也许是企业最难把握的一个要点，因为企业在发布微信内容时，无论是在报道方式上，还是在内容形式上，都倾向长期保持一致性，这样才能给用户一种系统而直观的感受。

长期的个性化往往很难做到，做得不好还容易让企业的自成体系失去平衡。但是，如果企业想让自己的微信公众号与他人的微信公众号划清界限，变得更加容易被用户识别，那么个性化的微信内容是必不可少的。个性化的内容不仅可以增强用户黏性，使之持久关注，还能让企业微信公众号在众多公众账号中脱颖而出。

2. 内容有新意

微信公众号发布的内容要有新意，如果不能做到让全部页面都具备新意，至少也要让发布的内容不至于太过苍白、无聊。除了娱乐性质的内容，情感营销也是一个很不错的选择。令人感动的内容往往能够引发用户情感上和心灵上的共鸣，远比那些单纯的娱乐内容强得多。

3. 内容具有价值且实用

在利用微信进行品牌营销的过程中，企业一定要注意内容的价值性和实用性。这里的实用是指符合用户需求，对用户有利、有用、有价值。

第三节　App 与品牌营销

一、移动互联网时代的 App

App 的发展离不开移动互联网的支持，移动终端设备影响力的提升进一步为移动互联网技术的发展注入了巨大的动力，从而带动了 App 的迅速更新与普及。

如今，移动互联网已经渗透到人们生活、工作的各个领域，了解移动互联网，对品牌企业开发 App 具有一定的指导意义。

二、App 品牌营销策略

（一）广告营销策略

广告营销是指企业通过广告传播行为对产品进行宣传推广，从而达到提升产品销量、提高企业影响力的活动。广告营销的方式和玩法多样，具体采取何种渠道和媒体宣传活动或产品，需要依据广告主的推广目的、推广产品等灵活安排。

随着新媒体技术的进步，信息越发碎片化，受众也更加主动化，受众不再是被动的信息接收者，这就导致人口红利进一步消失，竞争也更加剧烈。我们已进入"互联网下半场"，在这样的时代背景下，通过巨大的广告投入、单一渠道、大规模铺量的营销方式来建立品牌认知、斩获新客户、实现业务增长，已经很难奏效。在如今的新媒体环境下，广告营销在企业活动中发挥着更加重要的作用。

广告营销是在 App 上投放广告的一种营销方式，是企业营销组合的重要组成部分。在目前的市场环境下，如果没有广告营销，企业就无法达成目标。

（二）精准营销策略

1. 精准营销的概念

"精准营销"这个概念是由菲利普·科特勒最早提出的。科特勒认为，精准营销就是企业需要更精准、可衡量和高投资回报的营销沟通，需要制订更注重结果和行动的营销传播计划，还有越来越注重对直接销售沟通的投资。

"精准营销"这一概念自 2005 年被明确提出之后，吸引了国内外众多学者的密切关注，虽然迄今为止学术界对精准营销还未形成统一的概念界定，但可以确定的是，精准营销并没有颠覆传统的经典营销理论，而是对经典营销理论进行了延伸与发展。国内一些学者也从不同的视角对精准营销这一概念进行了各自的阐释和深刻理解，为后续的学者研究精准营销相关理论与方法提供了参考。

2. 精准营销的特征

（1）市场定位是精准的

精准的市场定位，目的是满足目标市场中消费者的某种需要，抢占消费者的心智，帮助企业在目标市场上建立竞争优势。尤其是在竞争日益激烈的今天，精准的市场定位可以彰显企业的产品或服务，具有鲜明的个性和特点，帮助企业树立独特的市场形象，从而区别于同业竞争对手，使得企业在选定细分市场上找到合适的位置，进而达到精准营销的目的。

（2）目标客户是精准的

在精准的市场定位之下，目标客户也是精准的。对一个企业而言，不论提供什么类型的产品或服务，由于目标市场需求的多样性和个性化，不可能全面满足所有客户的需求。在这样的前提下，企业应该根据自身具备的资源和能力，向特定的目标人群提供有特定内涵的产品或服务。

对于目标客户群体的性别、年龄段、兴趣偏好、消费习惯等，企业营销人员应该有一个清晰而全面的认识。

（3）沟通策略是有效的

在精准的营销过程中与目标客户进行沟通，不能只靠简单的、套路化的营销话术，沟通策略不仅应该是"千人千面"的，而且应该是有效的。可通过互动式的沟通解答客户的问题、了解客户的基本信息、与客户建立信任，从而深度了解客户的偏好和个性化的需求，获得有效的客户信息和反馈。

（4）营销效果是可衡量的

精准营销效果的可衡量性主要体现在两方面：一方面，给目标客户提供有针对性的产品或服务，节省客户的时间、精力等，提高客户的忠诚度。另一方面，企业可以借助现代化的信息技术手段，对营销活动的效果和成本进行跟踪分析和数据监控，降低营销活动的不合理性，从而降低企业的营销成本。

（5）精准过程是动态的

用户的需求是多样的、多层次的，即使是在具有相似的需求人群中，不同用户在同一时间点的需求也是有差异的。

因此，精准营销是一个逐步精准的动态过程，需要根据目标客户的需求变化进行动态调整。每一次营销动作的实现，不应该被看成终点，而应把它当成一个节点，更是下一次营销动作的起点。

从 App 的角度而言，移动客户端主要依靠的就是用户流量，而用户流量的网络表现就是数据，所以 App 与大数据是紧密相连的。大数据的出现影响了市场环境，也促使 App 进行了相应改革。

在实际应用中，大数据的分析功能至关重要。以好有美食 App 为例，其 App 的设计以 6 000 万个新浪微博账号提供的美食数据为基础，从而确定 App 的功能就是为用户提供美食分析。

除此之外，还有的 App 就是直接展示大数据相关的分析结果，便于用户迅速获取信息。以安居客 App 为例，用户可以在安居客 App 界面看到所在城市房价的最新均价和历史走势等数据，这些数据均为 App 上注册经纪人提供的实时数据。

（三）口碑营销策略

1. 口碑营销的定义

口碑营销是指利用口碑传播方式，借助一定的传播平台，个体与个体、群体与群体之间相互传播信息，把企业提供的产品或服务向顾客进行营销的销售方式。随着新媒体的出现，微博、微信公众号等熟知的社交平台都是口碑营销的重要渠道。

2. 口碑营销的特点

（1）传播速度快

现在的口碑营销主要以网络口碑营销为主，口碑信息不需要加密破译，直接在互联网平台上畅通无阻地传递。通过网络专递信息，传播速度更快，消费者之间的交流更加便捷，产品的信息也能够更好地传播和推广。

（2）覆盖面广

口碑信息的传播路径非常多，所以其覆盖面非常广。每一个潜在消费者都能参与到口碑传播中，从而提高企业品牌的影响力，同时口碑营销也不再受空间或时间的限制，人们可以随时随地分享产品的口碑信息。

（3）传播成本低

通过互联网，人们可以随时随地分享产品的口碑信息。对企业来说，其可以节省很多广告费用，也可以提高消费者的满意度。

3. 口碑营销的方式

在互联网时代，口碑营销主要通过 App 传播信息，形成良好的网络口碑，进而连接线下，共同增强产品营销的效果。

常见的口碑营销方式主要有以下三种：

（1）经验类口碑营销

经验类口碑营销主要从用户的使用经验入手，通过用户的评论让其他用户认可产品，从而产生营销效果。

（2）继发性口碑营销

继发性口碑是指 App 用户直接在 App 上了解相关的信息，从而逐步形成的口碑。这种口碑营销往往源于 App 或其他渠道上的相关广告。

（3）意识性口碑营销

意识性口碑营销主要是由名人效应延伸出的产品口碑营销，往往由名人的名气决定营销效果，同时名人的"粉丝"群体也会进一步提升产品的形象，打造产品品牌。

（四）内容营销策略

1. 内容营销的概念

内容营销指的是通过发布图片、文字、动画、视频等，向客户传达有关企业、品牌或产品的内容，为客户提供有价值的信息，以促进销售或提升知名度，达到营销目的的活动。传播内容的载体可以是地铁海报、网站图文、各类 App 视频等，甚至可以是 T 恤、手提袋等。许多学者基于不同的视角，对内容营销有着不同的看法，但各类看法包含三个相同点：一是内容，二是平台，三是内容营销结果最终和销售挂钩。

内容需要和品牌整体战略相匹配，同时还要选对平台，从而最大化地实现品牌宣传效果。在内容的初期策划阶段，最关键的是考虑该内容的价值何在，给用户提供了什么样的解决方案。接下来需要思考如何将内容表现出来，此阶段必须考虑投放的平台，要选择易于该平台传播的表现形式，且需注意内容的简洁、有趣。内容的传播一来依赖强制的推送，二来可以设置一些分享机制，但最重要的是让用户主动分享。

2. 内容营销的特点

（1）内容形式多样化

内容可以是文字、图片、视频、音频的单一形式，也可以是其组合形式。这些内容既可以由品牌自主发布，也可以通过媒体平台，甚至用户发布出去。发布的平台也是多种多样、不受限制的。

（2）内容传递的信息是有价值的

内容营销只有为用户提供有价值的信息，才能获得用户的关注与自发传播。内容的价值可以是实用性的，也可以是精神满足性的。信息有温度，才能让用户从内容中收获认同感和归属感，从而引发用户自主的内容传递。

（3）内容传播是拉式的

传统的内容营销是推式的，力求在短期内改变用户的决策和行为。新媒体下的内容传播是拉式的，行为和目标实现的周期被拉长，品牌更应注重营销的长期价值。

（4）内容更强调品牌和用户的互动

传统的内容营销中，用户扮演着比较被动的角色。如今内容泛滥，用户有了更大的自主选择权，这将更加考验内容生产的品质。品牌的内容营销不能由企业单向输出，更多地需要对话用户，沟通目标群体，从而生产出更符合市场需求的内容。

3. 内容营销的策略

App 之所以影响力大，是因为平台上用户自产的内容与互动的内容成为 App 的主体，这让用户有了长期使用 App 的动力。要想提升 App 用户的活跃度，主要还是从内容出发，通过内容的展示来吸引用户的长期支持。

App 传播的内容直接影响用户对 App 的认可程度，适当的内容表现技巧更能提升 App 的影响力。

（1）做好内容"装修"

对 App 而言，内容"装修"的第一步就是对启动页的内容进行处理。App 的启动页主要是为了让 App 在启动时有一定的缓冲时间，为之后用户的流畅使用提供保证。随着 App 市场的发展，大众对 App 的要求提高，启动页也逐渐成为 App 获得用户认可的一个标志。

当用户点击 App，经过启动页进入 App 的内部时，首页导航就成为用户的第一关注重点，所以把首页装扮好、把首页导航设置好也是重要的"装修"内容。需要注意的是，并不是所有的 App 都需要首页导航，一般在 App 内容较多的情况下，使用首页导航能够更清晰地将内容表现出来。

除了 App 形式上的"装修"，就是内容上的"装修"，这些内容往往与 App 的用户定位、市场定位和内容定位相关。

（2）对内容进行多次包装

对 App 内容的多次包装，主要目的在于提升用户的活跃度，促使用户进行评论或交流。除了对这种以分享为主的信息交流进行推荐，App 能够做的包装还包括对话题帖子或攻略文章进行推广。

（3）让用户自产优质内容

在内容包装方面，将 App 上的优质内容和帖子整理好，通过置顶或加标签的形式让更多的用户参与其中，也是体现 App 内容全面性的一个重要方面。

在运营阶段，App 首先是向用户展示优质内容，并通过优质内容打造平台优势。App 向用户展示优质内容的方式如图 4-1 所示。

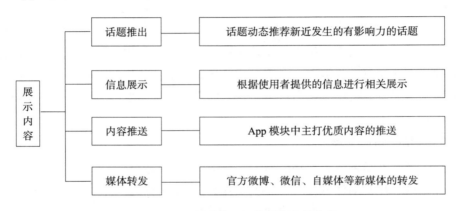

图 4-1　App 向用户展示优质内容的方式

当用户数量足够多时，为了 App 的长期发展以及优质内容的打造，需要让用户自产优质内容。为了调动用户的积极性，可以适当地给予奖励，如积分兑换实物和赠予荣誉头衔等。

第四节　网络论坛与品牌营销

一、网络论坛的代表——贴吧

（一）贴吧的概念阐释

贴吧，即"百度贴吧"，是由技术领先的互联网服务提供商百度创办的中文社区。贴吧将自我介绍添加在其搜索引擎词条下，自定义为"以兴趣主题聚合志同道合者的互动平台"，正如其所言，贴吧是一个线上交流平台。传统的网络论坛平台设置多个栏目（在网络论坛中多称为"版面"），对论坛内容进行分类、整合。例如，中国最早的具有代表性的网络论坛之一"水木社区"现有社会信息、游戏运动、电脑技术等十大讨论区，讨论区下共设 512 个版面（不包含已终止版面），每个版面都是一个独立的垂直类论坛。贴吧在此基础上，将开设新版面的权利下放给用户，并简化开设流程，依靠搜索引擎建立起大量垂直类论坛，聚集有共同兴趣、需求或话题的用户，供他们在论坛中获取信息、发表意见、沟通思想。尽管百度创造贴吧的初衷是实现搜索引擎社区化，搜索引擎技术的应用却反过来在很大程度上丰富了贴吧的主题分类，精准把握了用户需求。百度在贴吧协议条款中写明，所有点击百度贴吧进行注册和浏览行为的网民均为百度贴吧用户。贴吧用户能够通过在站内搜索引擎中输入某个关键词条，即刻进入以该关键词条命名的主题贴吧。主题贴吧就是由注册用户创立的垂直类论坛，已创立的主题贴吧面向所有用户开放。如果搜索的关键词条尚未创立贴吧，注册用户还可以便捷地申请创立以该关键词条命名的主题贴吧。因此，社会热点话题和亚文化话题的主题贴吧一经搜索和创立，均在贴吧平台占有一席之地。

百度贴吧现有分类涵盖娱乐、明星、文学、动漫、游戏、音乐、体育、地区、生活、情感、社会等方面，每个分类设有若干个更加细化的分类，用于对众多主题贴吧进行归类。即使运营者对贴吧分类的设置已经尽量做到全面，但由于部分贴吧的主题相当小众，或有着多元化的主题，这些分类仍然不能对所有主题贴吧进行概括和归纳。

在过去，网民可以通过邮箱验证或手机号验证注册成为百度贴吧的用户，如今仅能通过手机号验证完成注册。注册用户可以点击"关注"键，成为自己感兴趣的主题贴吧的成员，也可以随时取消关注退出贴吧，每个用户同时关注的贴吧没有数量限制，即可以同时成为若干主题贴吧的成员。注册用户只有关注某一贴吧才能在该吧拥有会员等级和相应头衔，随着会员等级和头衔的提高，可以享受贴吧运营者提供的更多便捷功能。除此之外，无论是否关注某一贴吧，注册用户都可以浏览该吧的帖子内容，在吧内发帖。未经注册的浏览用户只能浏览贴吧内的帖子内容，不能在任何吧内发帖。

（二）贴吧的发展历程

"贴吧"这一概念由百度首席执行官李彦宏提出。2003 年 11 月，百度初步完成贴吧的开发，面向广大网民开始了开放性内测，对用户在社区中的体验进行调研，并对存在的问题进行优化。2003 年 12 月，贴吧正式上线。2004 年 7 月，迎合手机上网需求，贴吧完善版面，实现移动端登录。2005 年 2 月，主题贴吧"吧主吧"正式改革，由贴吧运营者处理站务的官方贴吧，转变为各吧吧主参加活动、交流经验的平台。2006—2007 年，圈子、在线吧务日志、图片库、档案、自定义链接、视频等功能陆续上线，使得贴吧的社区功能更加完善。

2008 年 5 月 12 日，汶川地震突发，截至 5 月 15 日，网民在"汶川地震寻人吧"中发布 150 余个主题帖，跟帖发言 1200 余条。贴吧在重大社会事件面前首次展现出凝聚人群、传递信息的强大能量。此后，贴吧用户还创造了许多网络流行用语，贴吧发展成为网络流行用语和文化现象的源头之一。

2010 年 2 月，地图功能上线；3 月，贴吧商城开放，用户可以通过签到、参与吧内发言获得积分，在该商城中购买虚拟道具，用于美化吧内个人形象，使用更多功能，提升社区使用体验。2010 年 8 月，贴吧推出电子杂志"吧刊"，收录用户在贴吧内发表的精品内容。2010 年 12 月，百度贴吧推出手机 App 客户端。2011 年，贴吧新增"@人"、楼中楼功能。2012 年，"吧主大学"问世，以线上、线下相结合的新颖模式，为吧主群体建立自己的学习平台，以其便捷、体系化的特点广受欢迎。

2013 年，语音发帖、群聊功能上线，T 豆商城开放，用户可以通过充值虚拟货币"T 豆"在该商城中购买虚拟道具。2015 年，贴吧运营者响应"全面推行网络实名制"号召，落实对贴吧用户身份信息的管理，创立贴吧、申请成为吧主均需实名制，进行身份认证。

二、网络论坛营销的特点

（一）提高品牌曝光率

运用论坛进行品牌推广，可以采用"借势"的营销方式提高品牌的曝光率，提升品牌的知名度。如在一些用户量庞大的知名论坛上，把帖子打造成热帖，从而提升用户的关注率，以此来提高企业品牌的曝光率，树立企业网站、企业品牌的良好形象。

（二）成本低，操作简单

论坛推广从注册到发帖都免费，所以几乎不需要什么成本，而且论坛推广的操作非常简单，只需要发帖、顶帖和回复就可以了。论坛推广难就难在推广的内容，其关键在于作者的写作功底和文章的质量，如果品牌企业能够在一些大型论坛里打造出一篇热帖，推广的效果会从几十倍扩大为几百万倍。

（三）热门论坛适用范围广

品牌企业会选择热门论坛进行推广，在里面找到目标用户集中的论坛版块发布信息，可以获得很好的品牌推广效果。有很多人认为论坛只适合电子商务类的网站推广，实际上，其他类型的网站如果能正确地利用一些手段进行论坛推广，也能收到比较好的效果。

随着论坛推广持续升温，为了帮助企业快速提升企业形象，一些论坛营销推广平台辅助软件相继出现，如论坛自动回复软件、网络营销软件等。

三、网络论坛品牌营销的策略

（一）选择人气论坛发帖

品牌企业想要在论坛里将帖子炒热，就必须选择一个人气论坛。那么如何筛选人气论坛呢？可以通过网上的数据或者百度等搜索引擎来了解论坛。而且不同的主题应该选择不同的论坛，企业可利用"站长之家"做一个筛选表格，在"站长工具"里查询论坛的百度权重、Alexa排名（网站的世界排名）、站链接、建站时间、反链数等。

（二）多注册账号做铺垫

现在很多论坛都采用QQ、微信、微博一键登录的方式，当然也有原始的注册登录的方法。品牌企业在做论坛推广之前，首要任务是多注册几个账号，这些账号可以为以后暖帖、顶帖打下基础。

（三）用软文吸引消费者

发帖是论坛推广的重中之重。帖子是维持论坛活力不可缺少的因素，逛论坛看帖子已成为网上浏览的重要组成部分，因此只有帖子写得好，才能吸引网民阅读、回帖，甚至是转发。

企业要想在论坛进行品牌推广，就要发软文。在这个眼球经济时代，网民就是企业决定在论坛上炒作软文帖子的重要因素。

1. 标题要有吸引力

如今是一个快节奏的时代，大部分网民上网的初衷是在互联网上寻求放松。在互联网上花费大量的时间，把所有的文章看完是不现实的，因此企业必须抓住用户对有吸引力的信息新奇度高的特点，利用足够吸引人的标题，赢取高点击率。

2. 无痕的广告植入

如果企业发布的软文是为企业做品牌宣传的专用广告帖，那么软文的撰写就一定要有技术含量，将广告巧妙地植入才是最高明的手法。

第五章 "互联网+"背景下的品牌营销创新

"互联网+"作为经济发展的一种新型商业模式，不仅增强了国家的经济实力，并且与传统行业的融合已成为趋势。因此，如何辩证地、最大限度地把握互联网时代的优势，进而实现品牌营销策略的转型，成为企业必须深入思考的一个议题。互联网时代，品牌宣传与营销创新显得尤为重要。本章分为"互联网+"背景下的品牌营销文化创新和"互联网+'背景下的品牌营销方式创新两部分。

第一节 "互联网+"背景下的品牌营销文化创新

一、品牌文化的相关概述

（一）品牌文化的内涵

企业早已在营销商战中明白品牌是区别于竞争对手的重要标识，而文化则是决定品牌价值的核心因素。文化在品牌营销活动中的重要性是伴随着经济发展结构的变化而变化的。随着经济发展，一方面市面上的产品趋于同质化，另一方面产品的迭代速度也在加快，4P理论对企业营销指导乏力。美国营销理论专家罗伯特·劳特朋（Robert Lauterborn）在1990年提出了4C理论。足以见得，营销开始从以产品为导向向以受众需求为导向转变，想消费者之所想，赢得消费者的关注以及维系与消费者的情感变得越来越重要。对品牌的认同是以文化认同为基础进行的，缺少了文化价值，品牌就仅存识别和区分的职能，而不能让消费者感受到额外赋予的价值倾向。可以说，文化是品牌的灵魂，它决定了品牌的营销战略和动向，也决定了消费者和品牌之间的认同感。品牌对消费者来说，是记忆的工具；对企业来说，是精神文明和物质文明的高度统一。品牌在经营过程中的理念、价值判断、风格，以及由理念、价值判断、风格引领的行为，都是一种文化现象。因此，品牌天然具有文化属性。文化差异是品牌的基础，品牌通过主动制造文化差异，和其他品牌区分开来。

品牌文化通过赋予品牌深刻、丰富的文化内涵，明确品牌定位，并充分利用各种传播途径使消费者在心理上对品牌高度认同，最终实现对品牌高度忠诚。也就是先使品牌"有文化"和明确目标市场定位，然后通过广泛宣传得到顾客的认同，最终使顾客对之"忠诚"。

品牌文化是指品牌在经营中逐渐形成的文化积淀，它代表着品牌自身的价值观、世界观。品牌文化由多种文化集合而成，决定了企业在营销过程中的决策行为、符号运用、价值判断，是品牌价值观的核心。品牌文化在外，体现为物质文化，表现为品牌的视觉识别、资金技术、环境、产品等。品牌文化在内，体现为精神文化，表现为商业理念、经营哲学、企业精神等。品牌物质文化和品牌精神文化互为表里、相辅相成，共同构建成品牌文化。品牌文化同时受到消费者文化的影响，消费者基于对品牌的想象，能够主动丰富、再创造品牌文化。品牌文化也会随着消费者的喜好而产生调整。品牌文化有以下几个特点：

一是差异性。市面上的商品也许存在同质化现象，但没有同质化的品牌文化，就如同世上没有两片完全相同的树叶一样。品牌文化之间存在或多或少的差异，因此品牌文化是不可复制的。正是这些文化差异性，帮助消费者在品牌之间做出区分。

二是国家性和民族性。每个国家或民族都有属于自己的传统风俗、个性特征、信仰和生活方式。品牌文化扎根于国家和民族背景，因此具有国家性和民族性。

三是时代性。品牌文化不是一成不变的，会随着时代的发展而产生变化。可以说，品牌文化也是历史的缩影。品牌文化随着社会历史的发展而发展。从功能上来看，首先，品牌文化能够提高消费者的品牌忠诚度。用品牌文化倡导的价值观和审美理念吸引消费者，能使消费者产生强烈的身份认同感，能够有效增强消费者的黏性。其次，品牌文化能够提升品牌的市场竞争力。品牌市场竞争力主要来自品牌的文化差异性，文化内涵增加了品牌的附加价值，使其在市场上更具竞争力。最后，品牌文化能促进购买行为。对消费者来说，品牌文化丰富的意义刺激了消费者的购物欲望，使消费者在心中产生对理想生活的联想，因而更加容易转化为购物行为。

（二）品牌文化的构成

品牌文化是品牌在长期的品牌管理过程中形成的，它并不抽象，包括物质、精神、行为三个方面，同时也可以从这三个方面来进行品牌文化塑造。

1.品牌物质文化

品牌物质文化是品牌文化的表层文化，分为产品特质和符号集成。产品特质是产品本身所形成的特色，包括产品的质量、包装和商标等。这是消费者对产品产生认同的基础，也是消费者产生更深层次的情感认同的动力来源。符号集成是品牌识别元素的统称，包括视觉部分、听觉部分、触觉部分、嗅觉部分。视觉部分包括品牌商标、包装、产品视觉效果等；听觉部分包括店里播放的宣传内容和音量等；触觉部分包括产品和包装的材料、质地等；嗅觉部分包括店内是否有异味等。品牌物质文化主要集中于传播内容的部分，如"灵宝""二仙坡"苹果品牌包装上的图案和包装分类，就是其品牌物质文化的一部分。

2.品牌精神文化

品牌精神文化是品牌文化的核心，包括品牌价值观及品牌精神、愿景、目标和行为规范等。在品牌文化塑造中，品牌会把价值观贯穿始终，在产品生产设计、传播渠道选择、品牌定位等方面都会体现品牌精神。

3.品牌行为文化

行为是决定品牌文化成败的关键。品牌文化要通过行为传播给消费者，品牌行为是品牌与消费者之间的桥梁，品牌行为能决定品牌的命运。企业围绕产品、价格、传播渠道以及服务等开展的活动就是品牌营销行为。品牌通过各种渠道，如报纸、平面广告、官网、微信公众号等方式提高品牌知名度的行为就是品牌传播行为。品牌的管理者、员工等的行为都是构成品牌行为文化的部分。品牌行为文化主要围绕品牌选择不同的传播渠道来提高品牌知名度。品牌文化是与品牌相匹配的独特品牌形象，包括品牌的内涵、价值观、愿景等，是在品牌定位的基础上，确定品牌核心价值、扩充文化内涵，并利用各种传播渠道，使消费者在精神上形成对该品牌的高度认同。

（三）品牌文化的塑造

1.品牌文化塑造的概念

品牌文化塑造是通过赋予品牌独特的文化内涵，明确品牌定位，有效利用各种内外部传播渠道引起消费者的情感共鸣，并使其对品牌忠诚的过程。消费者对品牌文化接受情况的反馈也会反过来影响品牌文化塑造的内容。也可以理解为品牌文化塑造就是把品牌的理念、价值观、文化等传播给消费者并影响其对这方面产品的认知，市场再把消费者的认知情况反馈给品牌，以使企业不断改进品牌文化内容，提高品牌竞争力的过程。

2. 品牌文化塑造的影响因素

（1）消费者对品牌文化塑造的影响

品牌文化源于消费者，同时也是在消费群体的评价反馈中建立起来的。目标客户群与品牌之间的关系实际上是双重利益的复合体，消费者的相关利益和需求都对品牌文化的建立过程产生了巨大影响。因此，在品牌文化塑造的过程中，需要考虑消费者能否理解和参与到品牌文化中，从而达成品牌认同的目标。以男装品牌为例，当品牌的目标客户群是高收入人群时，往往会传递"时尚""奢华""低调""精致"等品牌物质文化的关键词，来得到高收入消费群体的认可。对于面向中低收入者的休闲男装板块，品牌更多的是传递"舒适""全能""百搭"的物质文化特点以获得相应的消费群体的认同。

（2）竞争企业对品牌文化塑造的影响

市场由许多不同的经营个体组成，它们生产商品，商品的销量直接决定了企业的盈利水平，于是为了争夺更多的消费者就产生了市场竞争。当企业试图借助品牌文化获得市场认同时，就需要通过对竞品价值理念的调研来了解市场态度，从而对自身的品牌文化理念进行适应性改变。此外，竞争品牌也会对企业的领导层起到影响，致使其改变企业品牌文化塑造的决策和方向。同一市场的竞争企业往往是企业建立品牌文化的参照坐标系，品牌文化塑造要以竞争者的品牌文化为依据，努力在差异化道路上找到自身品牌的位置。在同一市场环境中，互为竞争关系的品牌之间也可以起到相互促进、共同提升的作用。

（3）社会环境对品牌文化塑造的影响

在品牌国际化时代，品牌和其来源地的关联度越来越高。在许多国家和地区，品牌已经成了地域文化和企业形象的代表，影响着人们对不同国家和民族的文化认知。例如，对消费者而言，提到法国便会联想到产品精湛的工艺和奢华的细节，这样的地域环境同样也造就了香奈儿等法国服饰品牌优雅、高品质的品牌文化形象。这些不同的社会地域环境就像血液里的脱氧核糖核酸（DNA）一样，融入品牌文化并不断延续和发展。

（4）管理者对品牌文化塑造的影响

管理者尤其是负责人需要根据整个行业情况和企业实际做出重大决策，如果一个品牌的负责人有较强的品牌文化意识，重视品牌文化塑造，那么就会在这方面投入一定的人、财、物资源。如果负责人不重视品牌文化塑造，那么就会减少在这方面的投入，从而间接阻碍品牌文化塑造。所以，品牌的管理者在其品牌文化塑造上起核心作用。

（5）产品质量对品牌文化塑造的影响

产品的质量就是产品的生命，也是一个品牌的根基命脉。保证产品质量，不仅能巩固现有市场，还有助于品牌占领更多市场，提高经济效益。当前一个产品生存和发展的根本途径就是用质量建立信任机制，用信任开拓更广阔的市场，以市场扩大收益，以收益谋求更高层次的发展。很多产品作为消费者的生存必需品，质量的好坏更容易被人辨别，要想使品牌文化塑造成功，使消费者对自身的品牌忠诚，产品质量是最为基础和重要的。

（6）专业人才对品牌文化塑造的影响

企业发展最关键的要素是人，如果缺乏高素质人才，就会阻碍企业发展壮大。同样，品牌文化塑造也需要专业人才。其品牌文化的价值内涵是什么、如何进一步扩大品牌影响力等都需要相应的人负责，如果相应的模块由专业人才负责会提高专业性、科学性，但如果由非专业人员负责则可能造成计划与市场实际情况脱节、无法实施，严重的甚至造成企业倒闭、品牌退出市场。因此，品牌文化塑造中缺乏专业人才也是制约品牌发展的重要因素。

（7）宣传推广手段对品牌文化塑造的影响

品牌文化作为一种无形资产，是决定品牌发展的重要因素。品牌文化宣传推广是沟通品牌文化建设与消费者之间的一座桥梁，它能把消费者对品牌的认同情况传递给企业，促使企业不断改进，从而为品牌树立良好的市场形象，带来更多的经济效益。所以结合品牌发展、容纳产品特点、展现产品优势的品牌文化宣传是一个品牌重要的经营手段。当今社会竞争日趋激烈，产品能否成功占领市场、被消费者接受，早已不仅仅是依靠产品质量的高低就能决定的，多方面的竞争压力让企业必须通过品牌文化塑造和推广来扩大品牌的影响力、提高品牌知名度和声誉。品牌文化的传播渠道多种多样，包括传统的方式，如展销会、电梯广告、公交站牌广告，报纸、杂志、电视等，也包括近些年新兴的公众号、小视频、抖音、快手等新媒体手段。在品牌能力范围内，选择合适的宣传手段，发挥不同宣传手段的作用，达到宣传目的，促进品牌的高效发展，是品牌文化塑造中不可忽视的内容。

3.品牌文化塑造的流程

由于品牌文化与生俱来的抽象性，在企业进行品牌文化建设时，需要结合品牌文化的构成以及影响因素构建一套完整的品牌文化塑造实操性流程。品牌文化塑造不是独立的部分，它需要与品牌运作系统的其他部分相适应，因此进行品牌文化塑造的第一步即品牌环境检视，在这一步需要明确品牌的市场定位、品牌的发展目标、品牌的目标消费者、企业自身的文化内涵以及竞争品牌的发展现状。如果不能明确以上问题，就会导致品牌文化塑造出现模糊不清、定位类似等问题。品牌文化塑造的第二步应该明确品牌文化的精神内涵。品牌精神文化是品牌物质文化和品牌行为文化的核心，也是品牌发展的灵魂。如果品牌已经完成了前期的品牌环境检视，就可以将企业文化、品牌价值内涵和发展目标等信息有机结合，用文化来表现品牌的情感内涵，满足目标消费者的情感需求。明确品牌精神文化后，需要经过市场的资源检验，即基于品牌的产品和企业自身的资源能力能否支撑起品牌精神文化。若上述检验不通过，应重新结合市场环境定义合适的品牌精神文化内涵。若检验通过则可以进行下一步，即品牌行为文化和品牌物质文化的构建，这两个层面的文化更加具体也更加表层，通过对它们的塑造，能够基于物质载体和品牌行为向消费者传播品牌文化，使之感受到品牌所承载的精神文化内涵。下一步也是最关键的一步，即消费者检验，是为了明确品牌行为文化和物质文化是否与目标消费者的情感需求相适应。若消费者检验通过，则可以根据市场数据反馈对品牌文化进行更新；若检验不通过，则应该返回品牌行为文化层进行纠偏，直到通过两次检验，才是一套完整的品牌文化塑造流程。品牌文化塑造是一个循环的动态行为，在不同的市场环境下需要根据周边环境不断地更新调整，使品牌精神文化、品牌行为文化和品牌物质文化彼此适配，不偏离预定的方向。

（四）品牌文化建设的意义

1.挖掘品牌产品的特色价值

品牌文化能够在品牌行为上给予企业指引，让企业知道在产品设计过程中应该遵循什么样的文化内涵原则。品牌的文化要素可以影响产品的设计风格，使产品在同质化的市场中更加突出，从而帮助产品在市场中建立竞争优势。以服装为例，当服装产品的外观功能和销售价格都逐渐趋同时，基于品牌文化开发的服装产品相比其他产品拥有自身独有的文化价值，在复杂的市场竞争中很容易被辨识出来。品牌文化作为企业自主开发的特质，是其他企业无法模仿的，所以将品牌文化与产品设计相结合就能成为获取市场资源的利器，一旦产品特质与消费者的情感需求相吻合，就会根植于消费者的内心，获得稳固的市场占有率，从而提高品牌产品的竞争力。

2.增强品牌企业内部的凝聚力

品牌文化是企业文化的重要组成部分，品牌文化建设能增强企业内部的凝聚力。品牌文化的风格会影响到企业内部员工的工作态度，如阳光的、积极的品牌文化会使员工更加热情、快乐地进行本职工作。这种影响能够使企业员工在工作和生活的环境中形成一种趋同的价值取向和思维方式，将品牌文化内化于心，成为企业内部共同追求的目标。好的品牌文化也可以帮助企业提升社会形象，提高社会美誉度，最终增强企业的核心凝聚力。品牌文化建设对企业的重要作用体现在四个方面：第一，在品牌文化建设过程中，企业可以总结出自身产品特色和服务特色。第二，所得出的特色会成为产品和服务不断前进的方向，这是品牌文化建设的明灯。第三，品牌文化建设逐渐成为推进企业可持续发展的重要无形力量，因为它会推动企业在经营管理过程中不断提高产品质量和服务水平。第四，品牌文化建设是企业提升核心竞争力的重要体现。品牌文化建设本身就是一个需要不断更新、管控和推进企业可持续发展的过程。

二、品牌营销文化的现状

（一）品牌营销文化深受民族文化的影响

受民族文化的影响，品牌营销文化具有民族色彩。品牌营销文化的民族性是指品牌营销文化具有本民族的民族风格和特色。实用的广告出自美国，性感的广告出自日本，幽默的广告出自欧洲，这都是品牌营销文化的表现。由此可见，民族文化是属于全世界的文化，只有保持具有特色的民族文化，才可以在世界优秀品牌中立足。

（二）品牌营销文化与现实生活方式的结合

品牌要想被消费者接受，品牌营销文化也需要得到消费者的认可，因此，只有把"雅文化"与"俗文化"结合在一起，品牌才会爆发出强大的生命力。研究品牌营销文化，切记不可忽视生活方式 即使看似庸俗的文化，也必有其存在的原因，这就是文化根源。

（三）品牌营销文化面对知识经济的挑战

"知识经济"成为 20 世纪末中国常用的术语，属于无形资产的范畴。20 世纪 50 年代进入信息时代后，新的理念、新的品牌营销文化观念兴起。现在的品牌如果不利用大众媒体传播是很难成为著名品牌的，商品也需要一个符合自身的名字。随着中国改革开放的不断深化，只有被赋予了丰富知识的品牌才有持续发展的动力。

三、"互联网＋"背景下品牌营销文化的创新路径

（一）渠道整合创新：多渠道传播品牌营销文化

不同的媒介及传播渠道会带来不同的营销效果，对企业而言，选择适当的渠道进行品牌营销文化传播，才能取得良好效果。由此，企业需要整合品牌推广渠道，实现多渠道之间的相互配合。具体而言，在渠道整合方面，企业需要优化现有的传播渠道，并增强品牌信息投放的科学性。

1. 优化传播渠道

很多企业凭借着其老品牌以及在长期发展中积累的固定消费者市场优势，能够在其实施整合营销传播战略的过程中，准确辨别企业相关利益者的实际需求情况，并在此基础上整合企业内外部资源，通过多渠道向消费者宣传统一的品牌形象。虽然很多企业较为重视新媒体在品牌营销文化传播中的应用，但仍存在传统媒体背景下单向性品牌传播的思维模式，未能落实新媒体背景下整合营销传播理论及实践经验，导致难以精确瞄准目标消费者市场，甚至消费者及潜在消费者针对品牌信息的反馈难以准确、及时到达。笔者基于新媒体品牌营销文化传播方案，结合现有的品牌传播渠道，提出优化企业官方网站、重视网络口碑与社群传播等创新发展方案。

（1）优化企业官方网站

企业官方网站是用户在拥有海量信息的网络时代了解企业的窗口，对于很多企业官方网站存在的问题，需要在当前企业官方网站定位、功能、界面风格方面进一步优化升级，并整合关联微信、微博、电商平台等传播渠道，以支持企业官网的信息传播，如网站应该突破企业及品牌形象"宣传手册"的定位，通过设置直接对话功能版块以增强网站的互动性，方便用户咨询品牌相关信息；企业官方微信公众号、新浪微博官方账号以及短视频平台的官方账号需要宣传企业

官网、电商平台旗舰店网站相关信息，以便受众能够及时找到需要的产品及品牌资料。此外，主要电商平台旗舰店，如天猫官方旗舰店、京东旗舰店需要为企业品牌营销文化传播过程中的宣传活动营造声势，以提升目标受众的有效访问率。

（2）重视网络口碑与社群传播

社群是网络口碑传播的原点，网络社群的成员一般对社群有着较强的认同感与归属感，且具有一定的凝聚力与行动力。当前的网络口碑及社群传播媒介主要有新浪微博、百度贴吧、小红书、知乎、抖音、快手等，企业在这些平台上可以通过事件营销引爆话题热点，在短时间内快速提升品牌曝光度。此外，企业可以将网络口碑传播与社群思维结合起来，将品牌的目标客户聚集成不同类型的人群，再围绕不同的人群生产优质的内容，激发目标客户的活力，培养忠实用户，并对用户的二三级人脉进行渗透吸引，实现二次传播，从而谋求长尾市场。社群的精准化传播还可以帮助企业降低广告费用，减少资源浪费。

2.合理投放品牌信息

品牌信息的投放需要以科学的投放策略为前提，这样才能使品牌传播更具成效。为此，笔者针对整合营销传播战略，进行新媒体渠道品牌信息投放提出几点优化建议：首先，企业可以借助专业第三方品牌营销策划公司的资源进行前期线上媒介平台预热宣传，通过媒体平台发布新闻稿，维护与媒体的持续互动关系。其次，企业可以线上和线下联动开展品牌营销文化传播活动，在展现产品视觉形象及品牌历史文化的同时，吸引消费者进行二次传播，发挥口碑及社群传播的优势。最后，企业要重视对新媒体线上危机公关的应对能力以及对网络舆情的监控能力。在信息技术不断发展的背景下，消费者可以较为容易地捕捉到企业危机信息，并通过多渠道进行传播定性。为树立正面的企业品牌形象，企业需要完善自身的公关处理机制，对危机信息进行分析判断，实时掌握品牌营销动态。

（二）内容整合创新：创作优质内容，打造特色品牌形象

1.打造特色品牌营销文化展示窗口

企业官方网站是企业对外宣传的窗口，目前很多企业官方网站的功能较为单一，偏向于展示产品及企业的基本信息。基于此，企业可以借助搜索引擎优化，将官方网站进一步优化升级为营销型网站，以凸显其品牌营销文化特色。

（1）营销型网站建设

营销型网站更适应互联网的发展，具有以下几个优势：便于管理，减少企业维护成本；结构合理，功能全面，能够满足顾客需求，促成交易；每个页面都有相对应的标题、关键词和描述，具有良好的搜索引擎表现；支持在线支付和购买，更好地促进顾客消费；关注访客的需求，能够抓住潜在客户，便于网站运营和推广。基于此，企业可以通过打造营销型官方网站，开展具有特色的品牌营销文化传播，优化网站界面与视觉效果，将品牌营销文化与创意元素结合起来以吸引受众。

（2）增设网上商城与互动营销模块

虽然企业官方网站主页设有可以直接联通至天猫、京东旗舰店的链接，但引流作用不是非常突出。基于此，企业还需优化网上商城模块，以搭建更为稳定有效的营销渠道及分销电商体系。此外，企业还应加强客服管理，如为客户搭建定制化的积分管理系统，提升客户体验。

2.定制爆款电商品牌运营与传播方案

企业在电子商务平台以线上活动的方式可以吸引受众参与，进一步促进产品销量的提升。对企业来说，可以通过优化其在天猫、京东旗舰店的营销策略，引导受众自发参与品牌营销文化信息的传播以及相关产品促销活动。此外，企业可以开展线上和线下联动的品牌营销文化体验活动，为消费者及潜在消费者创造深刻、值得回忆的感受，加强受众对品牌的认知。

3.借助网络红人营销提升品牌形象

网络红人因其在社交媒体平台上的超高人气，坐拥一定的"流量"，在此前提下，企业可以借助网络红人所具备的社交资产，面向被"标签化"的固定"粉丝"群展开品牌营销文化的精准传播，将这些"粉丝"对网络红人的关注、信任、推崇转化为对该品牌的好感以及对产品的购买力，这便是网络红人营销。当前在小红书、抖音、淘宝等平台就活跃着大量的网络红人。

4.创新传播渠道，将传统媒体和新媒体传播方式相结合

企业在进行品牌营销文化塑造和传播时，要在正确认识各种传播渠道特点的基础上，丰富传播途径和手段，将各种传播渠道有机结合，以便综合发挥效用，提高品牌知名度。相比在电视、公交车、电梯广告牌上投放广告的传统方式，利用新媒体渠道，在微信、直播平台和短视频平台上传播具有成本更低、传播范围更广的特点。近些年，新媒体的传播方式在某些方面比传统媒体更有优势，更适

合品牌进行文化塑造和传播。不同的传播方式有不同的特点，如微信具有传播效率高、成本较低的优点。因为微信上的联系人都是相识人群或存在某种关系，信任度相对较高，能够产生良好的宣传效果。微博是以媒体为主、以社交关系为辅的传播平台，其优点是面对的群体更广泛。当品牌有大型活动或者获得重要荣誉时，可以在微博发布动态，宣传其品牌，能够在一定程度上提高品牌知名度。短视频平台，如快手、抖音，在近几年很火爆，一条有趣的视频能赢得成千上万人的喜欢。企业在进行品牌宣传时也可以采用拍摄短视频的方式，投入少、收效快。随着互联网技术和电商平台的快速发展，消费者在家就能买到需要的产品，快递直接送到家，极大地满足了人们的消费需求。网络平台产品种类多样、容易对比，再加上各平台竞争激烈，各种活动也在吸引人们消费。多种多样的产品，多样的销售形式，以及广告、直播等各种传播渠道不断向人们传播着产品信息，这些都在推动着人们消费方式的改变。所以，品牌想要做大做强，就要把握时代潮流，将多种传播渠道相结合，在保证线下销售渠道的同时，也要通过直播、小视频等新媒体方式进行品牌宣传，借以开发线上渠道，提高线上渠道的市场知名度和品牌竞争力。

（三）受众整合创新：注重新媒体流量转换与网络口碑传播

1. 优化搜索引擎自然排名

采用优化搜索引擎自然排名的方法可以优化企业官方网站自然流量排名以提升引流效率。用优化搜索引擎自然排名的方式推广品牌，一方面具有跨搜索引擎平台、规避搜索引擎竞价排名中无效或同行恶意点击带来损耗的优势；另一方面，可以为官方网站持续地引入流量，并通过对搜索引擎关键词自然排名提升优化的方式，为企业官方网站提供更为精准、咨询转化率更高的网站流量。此外，与阶段性的搜索引擎竞价排名相比，搜索引擎自然排名可以让企业官方网站保持24小时持续性曝光以维系客户。

2. 制造网络口碑话题传播

发起有关品牌的网络热点话题，可以快速地引入流量，提升品牌曝光度，并逐渐产生口碑效应。目前国内新浪微博的用户数量较大，新浪微博数据中心统计数据显示，2018年新浪微博用户数量达到3.4亿人，且10～39岁年龄段用户人群占比达到78.69%，2021年新浪微博用户数量已经达到5.7亿人。微博以其用户数量大并整体偏年轻化、传播精准、迅速高效、几乎零成本的特点成为企业进行话题营销的主要选择。企业品牌管理人员可以在挖掘整合微博搜索引擎较高指数搜索词的同时，联合微博关键意见领袖、企业官方网站、旗舰店以及微信公众号发布品牌信息，推动目标用户二次传播，提升信息传播的广泛度。

3. 与其他 IP 跨界合作营销

在新媒体环境下，企业可以通过策划、组织及利用具有新闻价值、社会影响及名人效应的人物或事件以吸引媒体、社会团体以及消费者的注意，引发意见领袖二次传播，从而提升品牌知名度，增强品牌影响力。企业还可以充分挖掘历史文化资源，开展事件性营销活动，持续、稳定地进行品牌营销文化传播。

（四）数据整合创新：利用大数据实现精准传播

针对品牌营销文化传播受众群体出现偏差、用户数据挖掘不够、用户分析不准确的问题，企业要从受众需求出发，建立用户数据库，借助大数据对受众进行细致的分析，并利用社交媒体进行精准传播。

1. 建立并完善用户数据库

随着大数据时代的到来，大数据已然成为企业在新的传播环境下进行品牌营销文化传播的一个重要前提。在此背景下，企业应多管齐下，建立并完善有效的用户数据库。

第一，完整数据库的建立，需要企业完善现有的会员制度，收集现有的客户信息，充实当前的数据库。此外，为吸引新客户填写其信息，企业可以与企业微信公众号、微博等相互配合，发起购物优惠及向客户返利等相关活动，线上和线下同时进行，方便不能到现场的客户进行线上填写。在收集、录入大量客户数据之后，企业应该定时梳理客户资料，并对企业的客户数据库进行及时更新。

第二，为收集到第一手数据，企业可以通过在活动现场进行信息登记以及在线上平台发放问卷进行调查的方式，获取针对性较强的信息。

第三，企业可以委托第三方平台获取客户数据。在互联网技术不断发展与市场营销环境日新月异的背景下，许多互联网代理公司开发了针对数据收集与精准传播的平台或系统。例如，由北京远景联动网络资讯有限公司开发的 Social Plus 传播管理系统、百度开发的百度数智平台、淘宝开发的"数据魔方"等。第三方数据平台集数据的采集、挖掘、分析于一体，帮助企业进行销售决策，充分利用互联网的价值。

通过这三种方法建立并完善企业用户数据库后，企业还应与现有的客户保持联系，维系数据库的长期性、有效性。此外，为最大化利用数据价值，每个企业可以将收集到的部分数据进行共享，拓宽数据获取的渠道。在这一方面，企业应该全面了解自身拥有的数据，并对自身分析数据的能力进行评估，与其他企业进行部分数据的共享，互惠互利。

2. 利用社交媒体进行精准传播

以微信、微博为代表的社交媒体的兴起，一方面使受众可以主动搜索、接受自身更为偏好的信息，并且能够便捷地加入自己的兴趣圈；另一方面，社交媒体可以帮助企业展示品牌个性，帮助品牌更好地发展。基于用户对社交媒体的使用习惯，企业要想实现精准传播、精准定位目标用户、精准传播品牌相关内容，可以在分析、收集用户数据的基础上，通过社交媒体用户对发布内容的点赞、评论、转发、收藏等网络使用行为进行了解、分析，为企业后期与用户的互动传播提供必要的数据支撑，并且促进目标受众积极参与品牌内容的讨论、生成及传播。新浪微博就是基于用户关系的社交媒体的代表，用户可以在微博上发布文字、图片、视频等，及时分享信息，参与互动。企业官方微博的运营人员在与"粉丝"互动时，应该持续关注"粉丝"的动态，如他们点赞、转发、收藏的内容，他们关注的热点话题与个人，在此基础上，发起话题并进行品牌相关内容的推送，才能更加有效地提升用户黏性。除此之外，新浪微博本身就有"粉丝头条""粉丝服务平台"等可服务于企业的精准传播功能，企业可以运用这些功能来了解、分析目标受众的年龄段、所在区域、感兴趣的圈子等信息，继而进行高效的定向传播。作为社交媒体的微信也是企业进行品牌精准传播的平台，微信的精准传播可以通过企业的官方公众号及微信朋友圈广告来实现。第一，企业在官方公众号发布品牌信息，关注其账号的"粉丝"可点赞、转发文章至朋友圈，从而扩大品牌的影响范围。第二，朋友圈信息流广告也可以被企业使用。朋友圈信息流广告的优势之一是，对于企业发布的广告，所有使用微信的用户无论是否关注该企业，都可以在以文案、图片或视频为形式的广告下方点赞、评论。企业可以利用朋友圈信息流广告的形式宣传推广其品牌营销文化内涵，提升品牌的知名度与美誉度。

第二节 "互联网＋"背景下的品牌营销方式创新

一、"互联网＋"背景下的品牌营销方式

（一）自媒体内容营销方式

1. 内容营销的概念

不论是不断重复商品属性的直推式广告，还是较为隐蔽的植入广告、原生广告，"内容"一直存在于产品和品牌的营销过程中。美国内容营销协会创始人乔·普利兹（Joe Pulizzi）认为，内容营销是指广告商成为出版商，开始拥有自己的媒体，而不是像在大众媒体时代一样依赖媒体。从这一定义可以发现，内容营销的概念是伴随着品牌独立于媒体的过程而提出的。传统意义上的广告尽管也被纳入企业的营销战略，但多作为其中的一个环节，并未被赋予核心地位，更多的是企业的无奈之举。与传统直推式广告不同的是，内容营销的传播更多依赖独立的媒体平台，能够分享有价值的信息、丰富社群，同时能够帮助企业在社群中成为思想领导者。普利兹的观点在一定程度上印证了内容营销独立于大众媒体的地位，同时也间接证明了自媒体内容营销的战略意义。普利兹把内容营销放在企业战略的高度上，这与消费市场、消费者习惯的变化有很大关系，尤其是当消费者不再信任企业发布的直推式广告时，重塑品牌信任和提供价值成为企业和品牌必须做的事情，而内容营销便是在这样的背景下诞生的。早期的植入广告、原生广告等广告形式可以看作内容营销的尝试：通过在现有的内容里加入客户的广告，力求将广告信息与内容进行融合，这样的方式也取得了一定的效果。国内对内容营销的研究大致分为两方面：一方面根据新兴媒体、媒介平台的特点去分析内容营销的具体形式；另一方面则从效果和影响层面研究"内容"给消费者以及企业、品牌营销战略带来的具体影响。

综合分析相关文献可以发现，国外的学者和企业通常站在较为宏观的角度去分析和理解内容营销的特征，国内的学者则多站在微观的角度分析内容营销的基本特征、传播形式等。尽管目前关于内容营销的定义还没有达成完全的统一，但各种定义的核心要素都集中在"有价值的信息""针对性""互动"等方面。与传统以产品为中心的营销相比，内容营销以消费者为中心，通过各种形式向消费

者传递有价值和吸引力的信息，使消费者能够主动与品牌产生联系，进行对品牌信息、内容的搜索，并产生购买行为。

2.品牌自媒体内容营销的概念

相对于报纸、广播、电视等传统媒体而言，早期的博客、微博、论坛等社交媒体的出现，使得人人都拥有了面向大众广播的权利和机会，人人都可以成为媒体，自媒体时代也就应运而生。从微信、微博、抖音等国内社交娱乐领域领跑者的数据来看，实现人人成为自媒体的愿景也只是时间问题。除了个人自媒体数量不断增长，各个企业品牌也纷纷入驻微博、微信、抖音等自媒体平台，这些平台逐渐承揽原有付费媒体的活动和服务，成了重要的信息传播渠道。通过自媒体平台，品牌可以直接地接触到较为精准的目标客户群体，通过利用不同自媒体平台的特点，企业品牌拥有了更丰富的内容形式，符合用户碎片化、场景化的信息需求。从概念上看，品牌自媒体内容营销是品牌、企业依托于自媒体平台而进行的内容营销。与在报纸、广播、电视上进行的内容营销方式不同，自媒体的开放、低成本、可分享、互动性强等特点使得品牌在自媒体平台上进行的内容营销也具有相应的特点。在品牌价值影响层面，自媒体平台为品牌提供固定的营销阵地，使其在发挥品牌原有影响力的同时，成为相应的意见领袖，通过平台之间的不断分享提高影响力。

另外，自媒体平台为品牌提供了更为丰富的内容制作和发布形式，并且将内容、互动、电子商务等平台的入口打通，实现了营销行为与购买行为的闭环结构。

基于以上品牌自媒体内容营销的特点，在此对品牌自媒体内容营销进行以下定义：品牌自媒体内容营销是品牌利用自媒体平台的开放性、互动性等特点，在与消费者进行沟通的过程中传递有价值和吸引力的内容，重新形成或加深消费者的品牌记忆和提升消费者的品牌忠诚度的营销方式。

3.品牌自媒体内容营销的影响

第一，品牌自媒体内容营销对品牌记忆的影响。植入广告、原生广告、内容营销等新兴的营销方式本质上都通过强调外界营销信息的传播，进而改变消费者的心理和行为。根据认知心理学的记忆理论，记忆的形成与记忆主体对记忆客体是否有兴趣、是否有情感有重要关联，而在移动网络时代，消费者的注意力成为稀缺资源，如何获取消费者的兴趣与情感认同，成为品牌方在营销过程中面临的重要问题。内容营销的故事化、娱乐化以及社交化特点，为品牌营销方式的转变提供了一种可能。具体到产品或服务的品牌感知和记忆，品牌自媒体内容营销通过增强营销信息的刺激强度而使观看者获得更深的感官或身体记忆，从而形成品牌记忆。

综合来看，品牌记忆是消费者在接收外界营销信息以及经过切身的使用体验之后，所获得的专属于个人的独特记忆，而这种记忆的形成依赖品牌外部信息的表达和个人的选择性接触、理解和记忆。因此，与消费者认知、情感一致的有价值的产品信息，能够保留其在消费者心中的品牌记忆，并在消费者进行选择性记忆时，变相弱化消费者对其他品牌的印象，从而加深对特定品牌的显性或隐性记忆。

第二，品牌自媒体内容营销对品牌忠诚度的影响。企业品牌借助自媒体平台的开放性、互动性、易传播等特征，纷纷入驻其中，并进行相应的营销活动。在实际的市场营销过程中，内容营销也逐渐成为企业构建良好品牌形象、促进销售的重要影响因素。消费者对品牌总体认知的来源主要包括两个方面：一方面是由品牌方主动呈现出来的品牌特性，另一方面来自市场的其他消费者的认知。后者在自媒体平台上被无限放大，自媒体因此逐渐成为品牌构建消费者品牌记忆与认知，进而影响消费者忠诚度的重要场所。

（二）社交媒体营销方式

1. 社交媒体营销的概念

社交媒体营销是一种基于传统营销的在互联网发展的基础上不断变化的营销方式，其通过对在线媒体平台的运用，搭建和消费者沟通的桥梁，商家借助消费者在社交平台上发布的评论传播企业品牌形象，维护社交关系。与传统营销方式相比，社交媒体营销具有独有的特征以及明显的优势。随着科技的不断发展，微信、电子商务网站、网络社区、短视频平台等社交媒体平台快速发展。国内学者根据中国国情，同时借鉴国外研究成果，在理论和实践内容方面对社交媒体营销进行了相应的研究。

社交媒体并非一个全新的概念，它最先出现于2007年发表的《什么是社会化媒体》一书中。作者安东尼·梅菲尔德（Antony Mayfield）将社交媒体定义为一种给予用户极大参与空间的新型在线媒体，具有以下几个特征：参与、公开、交流、对话、社区化、连通性。社交媒体的最显著特点就是其定义的模糊性、快速的创新性和各种技术的融合性。数字技术的发展与进步，推动着人类信息传播技术与形态的变革。技术和工业革命给人类社会、经济、政治和文化带来了巨大的营销效应。新媒体的迅速发展显示出投入和产出的高性价比。对小企业来说，这是一个不同于传统媒体的营销机会。过去的传统媒体也纷纷开始调整营销预算分配，向新媒体转变或进行新媒体与传统媒体的整合投资。

社交媒体如今已经成为一个相当热门的话题，但是学术界对于社交媒体的概念界定和理解仍处于相对混乱的状态。"social media"通常被翻译成"社交媒体""社会化媒体""社会性媒体"，体现了其基于社会交往的撰写、分享、评价、讨论和沟通建立起来的特点，同时关注其有社会交往和媒体功能双方面的特性。

社交媒体营销是营销发展到互联网时代的产物，已经成为营销学术研究和营销实践活动中的规范性概念。菲利普·科特勒在《营销革命4.0：从传统到数字》一书中认为，社交媒体营销指企业使用社交媒体传达品牌信息和内容的一种营销方式。过去的客户通过广告在内的传统媒体接收各种各样的信息，没有选择内容的权利。社交媒体改变了这一切，让客户可以自主生成更加可信、明显、有吸引力的内容。社交媒体内容的自发性和按需分配性让其活力十足，因为客户可以随时随地选择自己需要的内容。传统媒体仅仅是传播信息，而社交媒体则提供更多的对话。

2. 社交媒体营销的优势

社交媒体营销在互联网这片沃土上迅速发展，迸发出巨大的活力。在社交媒体平台上，每一个人的声音都潜藏着无限的力量，不发则已，一发惊人。社交媒体使企业与用户的交流变得更加便捷、紧密，也为企业与消费者的交流互动寻找到更多的触点。社交媒体营销相对于传统营销的优势包括以下几个方面：

（1）品牌宣传

树立良好形象的官方账号，如我们常用的微博、微信公众号等，是对外展示品牌形象、品牌文化价值，传递品牌信息的渠道。与媒体平台紧密互动合作，参与媒体平台的互动话题，借助媒体平台的影响力，传播社会责任、企业文化的正面信息，可以极大地提升品牌形象。

（2）获取新客户

在互联网时代，"流量为王"。通过社交媒体营销，社交媒体平台上的用户和消费者流量不但可以直接被转化为企业的官方网站流量，还可以吸引更多的客户。利用社交媒体，企业可以扩大营销范围，拓展新的营销渠道。

（3）降低营销成本

在相同的营销成本投入下，社交媒体营销因其传播速度更快、传播范围更广，能覆盖不同的受众，最终比传统营销的效果更好。从投入产出来看，社交媒体营销可以大大降低营销的整体成本。

（4）促进购买

社交媒体营销不仅可以通过社交网络、微博、微信等发布产品或服务资讯，还可以通过直播平台更直观地与潜在客户进行互动交流，强化与潜在客户的关系，提高其对产品或服务的兴趣，促进购买。

（5）提高服务质量

通过收集用户的浏览记录、消费信息和评价反馈，企业能及时发现问题并迅速做出调整，为用户提供更优质、满意的服务，从而提高用户的忠诚度，增强用户黏性。

总之，社交媒体在营销方面有明显的优势，但也有明显的劣势，如企业控制力低，负面言论或消极口碑传播迅速，从而对品牌的影响较大。因此，企业在实施社交媒体营销时，一定要提升企业整体的服务质量，避免不好的评论及负面影响。

3.社交媒体营销的意义

（1）洞察市场更精准

社交媒体具有用户基数大、黏性强等特点。对品牌营销来说，社交媒体是不可多得的营销武器。当下，越来越多的企业已将社交媒体纳入品牌营销的各个环节，尤其是利用其优势进行市场洞察。对服装品牌来说，微博、微信、抖音、快手等社交软件已成为调查市场极有效的工具。过去，市场调查需要将实地调研、问卷调查、电话调查、邮件调查等多种方式结合完成，而现在，只需利用社交媒体就可以保质保量地完成。以微博为例，人们习惯在微博上发表观点和态度，用户对于当下的流行趋势、时尚风向、潮流信息在微博上交流互动，这就使得社交平台上留存了大量的用户数据。对品牌来说，这些零散的数据是极具价值的宝贵信息。

首先，社交媒体上的观点和态度直接反映了消费者的想法，这对市场调查者来说极为重要。与传统媒体时代相比，社交媒体时代的品牌更容易与消费者真诚沟通，了解消费者的真实需求。当下，许多服装品牌在不同的社交平台上注册了账号，消费者可以在这些账号下交流评论，将自己对联名对象和联名产品的意见、建议和喜好直接反馈给品牌方，而品牌方也可直接做出回应。与传统的市场调查相比，这种方式省去了许多复杂的环节，大大缩短了品牌与消费者之间的距离，反馈信息也更加真实可靠，更有价值。

其次，社交媒体能更及时地反映消费者的变化。消费者对时尚的看法是瞬息万变的，以服装行业为例，每年每季都有"流行色""流行元素"，消费者的喜好也是时时变化的。传统的市场调研耗时久、时效性差，可能调研报告还未形成，消费者就有了新的想法，而社交媒体的出现实现了市场洞察的变革，改变了这种状况。社交媒体具有时效性强的特点，有了它的助力，服装品牌不但能随时掌握消费者心理变化的最新动态，甚至可以利用大数据技术预测未来的市场走向。对品牌营销这种追求"新"和"变"的营销方式而言，社交媒体是不可多得的"营销利器"。此外，社交媒体还能反映消费者对品牌竞争者的认知与想法。这可以帮助品牌知己知彼，在激烈的竞争中发挥自己的优势，选择合适的合作伙伴，从而获得成功。例如，当消费者在社交媒体上抨击某些品牌的联名产品的设计、质量等问题时，其他品牌可以避免犯相同错误。

综上，社交媒体时代的到来使得企业能够更加精准地洞察市场、了解目标消费者的喜好，从而获得良好的营销效果，这是传统媒体时代的品牌营销无法比拟的。可以说，更为精准的市场洞察为品牌营销的广泛流行提供了必要条件。

（2）影响消费者决策更深远

随着网民规模的扩大，以微博为代表的社交平台已经成为现代人网络交流的一种新工具。在社交媒体时代，层出不穷的社交平台正在潜移默化地影响着消费者获取信息的习惯和消费决策行为。消费者的信息获取更依赖社交媒体，社交媒体对消费者的影响日渐深远，品牌也因此更加重视社交媒体的作用。在此情况下，运用社交媒体影响消费者决策成为可能。品牌能够通过社交媒体与消费者建立联系，并进一步对其产生影响。一方面，品牌能够通过意见领袖在社交平台上发表自己的看法，取得消费者的信任，在无形中影响受众的观念，进而将受众转化为消费者；另一方面，品牌能够通过建立"粉丝"群、超话等网络社群，听取消费者的意见和建议，扭转消费者的负面口碑，重建品牌形象。

此外，企业还可以采取购买微博热搜、邀请微信公众号撰写文章等方式，进一步为活动造势，营造火爆氛围。这便是社交媒体赋予品牌的影响消费者的能力，也是品牌营销热潮形成的条件之一。正是因为社交媒体具有的这种影响消费者的巨大能量，品牌才得以掌握并影响消费者的态度与品位，引导消费者的购买行为，品牌营销才能够在当下乃至未来成为潮流大势。

（3）营销成本更低

无论何种品牌，品牌知名度和产品销量的提高都离不开营销活动，但成功的营销往往意味着高昂的费用，这对一些年轻品牌来说往往力不从心。然而，社交媒体时代的到来改变了这一状况。对品牌来说，社交媒体的营销优势有很多。除了庞大的用户群体、超强的传播效果，更重要的是社交媒体提供了一种降低营销成本的可能性。社交媒体用户有着更高的互动性和分享性，即使没有大量的广告投入，用户自发的参与、转发、评论也可实现较好的传播效果。以在国外广受欢迎的短视频社交平台 TikTok 为例，其营销的千人成本仅需要 1 美元，并且操作更简便。如今，各品牌纷纷注册微博官方账号、小红书账号，开通微信公众号；也有不少品牌涉足短视频社交媒体，开通抖音、快手账号用于短视频营销和直播带货。对品牌来说，社交账号如同一块免费的"广告牌"，可以随时发布广告和各种营销活动，使目标消费者能够通过它直接获取信息，因此品牌获取潜在消费者的成本大幅度降低。对于所有品牌，尤其是那些难以负担高昂营销费用的中小企业来说是一种利好。在此背景下，越来越多的品牌将社交媒体视作重要的营销工具，利用它与消费者互动，以更低的成本获得更好的营销效果。换言之，社交媒体的发展助力营销成本降低，进而为品牌营销热潮的形成提供了前提条件。每当有新的联名产品发售，品牌就可以在社交平台上发起直播、带话题转发抽奖、晒单优惠等活动。不同的营销活动还可以针对不同的消费群体，更精准也意味着更有效，既节省了营销成本，也能取得更好的营销效果。相较于传统营销方式，社交媒体使得品牌营销的成本降低，却更容易收获不错的效果。因此，品牌得以将节省的成本投入产品的设计，使产品更具竞争力。

基于社交媒体的营销虽然并不总是廉价的，但不可否认的是它的确为品牌提供了低成本的可能性。社交媒体时代的到来重新书写了品牌营销的规则，让更多的品牌可以较低成本收获更好的品牌营销效果。总的来说，正是社交媒体低成本、低门槛的特性，使得品牌营销这种旧营销方式现如今迸发出新的活力。

综上，社交媒体使得市场洞察更精准，影响消费者决策更深远，营销成本更低，这些外在条件使得传统媒体时代发展疲软的品牌营销在当下大获成功。可以说，社交媒体已经成为品牌营销成功的关键。

（三）短视频营销方式

1. 短视频营销的概念

进入 21 世纪，网络科技的发展速度越来越快，人们逐渐进入了信息化时代，这极大地改变了人们的生产和生活模式,人们获取信息的渠道得到了极大的丰富。用户在消费过程中能够突破时空的界限,极大地提高了消费的便利性和高效性。短视频凭借其投入低、传播速度快、话题度高、互动性强的特点成为新时代的营销方式。短视频营销能够为用户展示文本、音视频等内容,使用户接收到的信息更加立体。短视频营销就是将品牌或产品融入视频,通过剧情和段子的形式将其演绎出来的一种营销方式。

目前,短视频营销迅速成为品牌和企业与用户联系的最受欢迎的方式之一,因为用户能够非常便利、高效地接收各类社交平台上的视频内容,如抖音、快手等。与其他方式相比,短视频不但能够迅速吸引消费者的注意,而且能够在很短的时间内为消费者提供大量相关信息。再加上大数据技术的应用,平台可以对消费者的兴趣和习惯有深入了解,以此来向其推荐相关的视频内容,还能够开发相关有趣的游戏,生产更多高质量的短视频内容。

2. 短视频营销的模式

(1)利用网络红人进行植入

网络红人是互联网创造出来的新型职业。借助网络红人自身流量,成为短视频营销的方式之一。网络红人也有领域的划分,企业应在细分领域找到头部网络红人,然后与品牌或产品结合,这样的传播方式更加具体,"粉丝"群体相对集中。

(2)应用场景营销

应用场景营销的手段在线下地推活动中已经运用多年,由于消费者关注产品的特点、性能,品牌方会投其所好,将消费者想要了解的信息放进特定的场景中。如沙发会以家庭中的客厅场景为主;燃气灶会以厨房场景为主;帐篷、望远镜会以露天露营场景为主。品牌方塑造特定的场景,是为了增加产品的趣味体验,将使用场景直观展现给消费者,增强其代入感,从而激发消费者的购买欲望。

(3)寻找消费者共情营销

目前,一些品牌方将当前社会热点事件、问题与品牌或产品融合传播,不仅通过这种传播方式将信息传递给消费者,而且通过再加工、再编辑,重新制作短视频内容,激发消费者对事件的情感共鸣,从而达到与消费者在价值观层面的认同,与消费者之间产生共情。

3. 短视频营销的特点

(1)弱关系的社交属性

一是点赞、评论的随机性。以抖音为例,抖音的首页界面上有五个页面选项,即同城、经验、关注、商城以及推荐。顾名思义，同城页面是根据用户的定位来推送一些和用户距离比较近的短视频内容；经验页面以图文和短视频内容为主，包括美食、旅行、生活家居、穿搭等多个品类；关注页面展示的是用户关注的账号所发的内容；商城页面主要推荐一些用户可能感兴趣的商品；推荐页面根据用户喜好来推送一些类似的内容，这种喜好是大数据追踪用户平时的观看倾向来进行判断的。在这五类页面下的推送，除了用户关注的账号，其他四类推送的短视频内容具有随机性。即使用户点赞或关注甚至是评论得到了博主的回复，所产生的社交关系都具有不稳定性，即弱关系社交属性。但是它的社交互动的范围、用户黏性不输给其他的社交平台。正是因为抖音这一类的短视频平台有着这样的互动属性以及用户黏性，各类产品经过博主融合在短视频内容中推荐给目标消费群体，再通过受众的观看、关注、点赞、评论、转发等互动形式达到营销和推广的目的。

二是转发。转发这一功能可以说是扩大了短视频内容的影响力，不仅可以在平台内部转发，还可以扩展到其他的社交平台，达到一种较好的传播效果。现在人们会把看到的内容转发到微信平台上，分享给微信好友、转发到微信群或朋友圈。微信平台的社交圈属于一种强关系属性，亲朋好友都在传播范围之内。由于这种初级群体内的人们相互信任，更容易受到营销效果的影响，这种影响就不再限于线上，还会被带到生活中，通过群体传播、人际传播等进一步扩大，产品的推广效果也随之进一步扩大。

三是私信。无论是抖音还是快手，这一类的短视频软件都带有社交功能，和微博有些类似，通过关注、评论或私信的方式能够达到交流互动的目的，交流范围也更广。如果不单独设置账号的可见范围，该账号的一些信息是能够被查看的，这也体现了此类平台社交的便捷性特点。通过私信，用户的反馈会更加直接，沟通会更加方便，与博主之间也可以更好地形成传授关系。了解消费者需求、收集消费者对产品的体验反馈等都可以通过私信这种方式完成。但这个过程中也存在一些问题，如在售后服务方面，消费者的权益可能得不到保障。

（2）受众需求的精准定位

短视频平台可通过算法推荐精准地为某一类受众推荐其喜欢观看的内容，受众也可以自由搜索或者添加"喜欢"的标签来选择自己想要看的短视频内容。这样一来，当某企业要进行短视频营销时，可以选择那些和自己产品的目标受众相一致的账号进行直接推送，这样避免了资源浪费，减少了成本的投入，与传统的营销手段相比，更具目的性。传统的电视广告虽然也有根据电视台受众类型的占比来投放产品广告的情况，但只能根据年龄或职业等客观因素对受众进行定位。现在的短视频平台可以追踪用户的定位、喜好、年龄等，对用户进行精准画像，这样推送的短视频内容更能引起受众的关注和兴趣，进而达到产品营销与推广的作用。

（3）内容的原创性

企业要想在短视频平台获得一定量用户的关注，就要找准自己的定位，弄清楚适合自己的短视频类型、目标受众类型，并且以后的短视频要围绕着这个定位进行创作。正是由于短视频内容具有原创性、独特性，才吸引了大量的受众，在营销方面也能够以不一样的方式突出产品。

（4）营销门槛无限制

短视频具有时间短、生产流程简单等特点，其营销效果可能比其他的形式还要好。在短视频平台进行营销的门槛较低，企业利用短短15秒的短视频广告就可以实现营销目的。抖音提供了各种类型的视频制作范本，企业可以自主生产自己的短视频，这样进一步降低了广告的生产标准，人人都能发挥创意，人人都能生产广告。

（四）网络直播营销方式

1. 网络直播营销的概念

直播指的是广播、电视节目的后期合成和播出同时进行的播出模式。传统的电视广播内容一般依靠专业的直播指导和技术设备，用户门槛较高。近年来，随着网络直播经济的发展，网络直播营销作为一种新的营销模式出现在群众的生活中，企业也将网络直播平台作为营销工作的新阵地。网络直播基本上消除了用户的不便，而且是高度随机的。参照这一概念，结合传播学理论，我们可以给网络直播下一个简单的定义——网络直播是以互联网技术为基础，个人活动或其现场信息以文字、图像、视频、音频等形式永久发布，并以媒体评论的形式与公众进行实时互动的播出模式。网络直播平台的观看者可以在活动期间的任何时候以弹幕（评论漂浮在视频上）的形式表达自己的观点，并且网络观看者和其他观看者可以实时查看弹幕并做出反馈，从而使观看者有一种身临其境的感觉。网络直播作为一种营销手段，每一个受众都是潜在的营销对象，网络直播的发起人可以向受众传达企业、产品、活动等方面的信息，以增强公众的参与意识，树立品牌或个人形象，提高产品销售或增强用户黏性等。

原有的网络直播内容的基础为线下营销活动，以网络为传播工具，扩大线下传播的营销活动范围，类似网络平台"直播"。

网络直播营销以网络直播的受众为唯一营销对象，以各种内容和演示形式进行网络直播，以提升品牌或个人形象，促进销售量，建立和加强与受众的关系等。

2. 网络直播营销的模式

（1）名人+直播

邀请名人到直播平台进行直播，这是一种营销模式，它利用名人的声誉吸引眼球。"名人+直播"的模式可以为品牌、名人带来更多的流量，有助于探索互联网营销领域的跨界合作。

（2）内容+直播

许多主播拥有自己的直播账号，可以实时销售相关产品。这些人可以进行直播，同时能成为另一个直播间的观众，并且这些身份可以自由更改。本土风格的网络直播通常已形成了稳定的"粉丝"群，公众关注主播可以获得有趣的内容。

3. 网络直播营销的意义

过去的传统门店能带来很高的客流量，而如今的互联网时代，客流量从线下转到了线上。当下的网络直播营销，已然成为一种必然趋势以及企业拓宽销售渠道至关重要的途径。直播严格意义上应当归于营销工具，网络直播营销的成功是由优质产品和充足的用户流量两个因素共同造就的。因此，在不断创新自身优秀产品的同时，如何顺应网络直播营销时代发展的潮流，扩大用户流量以提升营销效果对各个企业来说显得尤为重要。

第一，网络直播营销是本地流量转化的有效路径。品牌方应结合网络直播营销的优势，进行线上流量向线下的转化，充分发挥其线下门店的优势。在线下门店具有优势的情况下，应该结合线上的直播流量转化，把顾客吸引到店进行购买消费。直播电商迅速兴起的原因不仅在于网络信息技术的发展、智能手机以及掌上 App 等软硬件设备的普及，而且在于消费者购物习惯的改变。

首先，网络直播营销使大众的消费理念发生了转变。从前，人们的逛街体验主要源于线下实体门店。如今，当手机用户点击进入直播间，就产生了另一种"逛街"体验。观看手机直播就如同在线下门店听销售导购进行产品讲解，这种视频直播的讲解模式相较于传统电商网站上显示的图片及文字在形式上更加直观，用户与主播能够更高效地进行沟通互动，使用户更能产生消费意愿。其次，相较于传统电商，网络直播营销能使用户产生更好的消费体验。用户通过与商家主播实时沟通互动，能够得到更多商品信息，如商品型号配置、功能使用等。网络直播可以直观展示产品并使主播与用户互动，实时解答用户的疑问。直播通过主播进行营销如同线下实体门店聘请导购员进行销售；直播间场地的搭建就如同线下实体门店一般；直播利用抽奖、集赞和付费引流等手段就如同线下实体门店利用特价促销打折、节假日回馈消费者等引流手段。不管是线上还是线下营销，在营销及推广的本质上其实同宗同源，二者结合便能发挥最大优势。

第二，直播是趋势，也是工具。企业应把握趋势，利用好流量工具，提高品牌知名度，促进品牌升级。近年来，电商经历了蜕变式的发展，从电脑端到手机端，从购物网站到手机直播营销，其蜕变的周期和速度都在缩短，已经从之前的5～10年周期缩短至2～3年，甚至更短。2021年"双十一"国内电商直播销售额，天猫总交易额为5403亿元，同比增长8.45%；京东累计下单金额超3491亿元，同比增长28.58%。2022年"双十一"全网交易额为5571亿元。2023年"双十一"全网成交额2434亿元，市场稍显冷清。

二、"互联网+"背景下品牌营销方式的创新建议

（一）多种营销方式相结合

随着互联网的发展，营销手段不断更新，不仅有新的营销方式出现，而且传统媒体时代已有的营销方式也进行了升级换代。将不同的营销方式进行组合，可以产生令人惊喜的效果。社交媒体时代，品牌想要创造更多的经济效益，就要出奇制胜，运用多种营销方式联合出击。品牌营销可与口碑营销、升级后的饥饿营销相结合，创造更好的营销效果。

1. 与口碑营销相结合

口碑营销是指通过口口相传的方式，让人们了解产品服务、塑造品牌形象，以实现销售产品和提供服务为目的的一种营销方式。传统媒体时代的口碑营销传播速度慢，效果有限，且主要局限于熟人之间，并不适合与品牌营销这种短期的营销方式相结合；而互联网时代的口碑营销传播速度变快，范围扩大，在社交平台上的陌生用户之间也可实现。因此，与口碑营销相结合是一种全新营销策略。

社交媒体时代，用户具有传播者和受众双重身份。口碑营销将用户变为营销活动中最重要的一环，由用户在社交媒体上传播产品和品牌信息，增强了营销效果，降低了成本，因此口碑营销成为品牌最常用的营销手段之一。品牌在进行营销时可以利用好社交媒体，辅以口碑营销，为产品的发行造势。首先，品牌要满

足谈论者的需求。谈论者可以是品牌或合作者的用户，也可以是媒体。其次，制造一些吸引眼球的话题，引发人们的讨论。例如，品牌背后的故事、产品设计的灵感来源、出人意料的合作方、产品自身的亮点等。同时，选择好口碑营销的工具，如微博、抖音、小红书等社交平台。运用好这些工具是最关键的环节之一，品牌需要把握好不同平台的传播特点，做出正确选择。在口碑营销的过程中，品牌也需要积极参与话题讨论，在"粉丝"群、超话或账号评论区与"粉丝"互动，倾听网友心声。最后，在口碑营销开始后，企业还需要实时监控相关话题的走向和消费者的反馈，以便积极回应和制定接下来的营销策略。

2. 与升级后的饥饿营销相结合

饥饿营销是指企业为了保证高价格和高产品利润率而故意减少生产，并制造供应少于需求的假象的营销手段。简言之，饥饿营销就是利用了"物以稀为贵"的道理。饥饿营销并不是社交媒体时代才出现的新事物，但其在社交媒体时代实现了全新升级，如当下最流行的莫过于社交平台直播中的饥饿营销。直播前预热，吸引消费者注意；直播时反复强调库存有限，限量发售，催促大家下单购买。这种利用了社交媒体的饥饿营销更适合与品牌营销相结合。实践上，品牌可以调低产品的产量，提高产品的价格，配合一系列社交媒体助推话题，营造供不应求的假象，使消费者产生难得的感觉；发售时，在抖音、快手等视频直播平台上进行饥饿营销，进而刺激消费者争相购买。在品牌营销的同时运用饥饿营销，通常能产生良好效果，实现经济效益扩大化。但饥饿营销也存在如下劣势：会损害企业诚信形象、消耗消费者的品牌忠诚度、拉长产品销售周期、实施难度高等。因此，企业需要谨慎使用这种营销方式，因为一旦被消费者发现品牌刻意利用饥饿营销方式，会给品牌形象造成损害。

综上，在互联网时代，品牌除了继续坚持品质至上、设计至上的传统策略外，还应积极探索新策略。首先，利用社交媒体把握消费者需求，并留住消费者，使其成为品牌产品的忠实消费者，进而持续购买。其次，在合作者的选择上也应"稳中求进"，既要保证安全，又要大胆创新，制造话题。最后，可以与其他营销方式相结合，利用社交媒体的特点，与口碑营销相结合，为品牌营销造势，吸引更多人购买；与升级后的饥饿营销相结合，利用消费者追求独特的心理，刺激购买。但无论采用何种策略，品牌都应从自身情况出发，综合考虑，选择适合自己的策略。

（二）创新促销策略

1.采用特色促销策略

坚持求新、求奇、求异的促销原则，通过富有吸引力的促销品，实现市场"动销"以及促销激活通路、通路激活促销的目的。以促销占领市场，在促销过程中，充分利用资金、网络等一切可以利用的资源，让消费者知晓、认可本企业产品。以两种以上的连环促销方式，如购买累积奖和浏览时间奖等吸引消费者眼球。

2.创新广告促销策略

企业可以建立自己的网站主页，详细列明产品信息和服务种类，作为自己在网络上的销售旗舰店。同时，企业也可以在百度、淘宝、天猫、京东等做广告，既可以展示自己的产品品质，也可以在行业内提高自己的品牌知名度。

（三）创新会员营销策略

会员营销通过挖掘会员的后续消费能力，加强会员管理，最大限度地挖掘会员的消费价值，实现会员价值最大化。会员营销是基于会员管理的营销方式，与传统营销方式在操作思路和理念上有众多不同，其通过大数据手段按一定维度对会员进行分群，在网络促销时针对不同群体推送不同内容、不同品质的产品。会员黏性是建立在会员满意度基础上的，与会员满意度和忠诚度是正相关关系，即会员满意度和忠诚度越高，会员黏性也越大。企业要第一时间了解用户的反馈，建议设立专门团队审查各大平台上用户对本品牌产品的评论，及时删除负面评论，置顶官方留言，保存有意义的留言，从而增强用户对企业品牌和产品的认同感。

（四）在线上、线下建立互动式客户关系

在互联网时代背景下，与客户建立起高强度、高黏性的关系成为这个时代营销手段的突出特征。一方面，企业必须具备管理客户、运营客户的能力，不管是在线上还是在线下，都能与客户建立起牢固的长期关系，从而形成自己的客户资源。另一方面，也正是在互联网时代，企业有了更多的渠道和机会与消费者直接建立起关系，进行互动和对话，从而更加快速精准地捕捉客户需求，反哺产品功能的进一步提升。管理业务和管理运营成为一体，管理产品和管理客户也成为一件事。在这样的背景下，谁能更加有效地和客户建立起联系显得至关重要。对品牌方而言，与客户建立联系的方法和途径很多，从电话热线到 App，从问卷评价到社群交流，客户的反馈机制越来越健全，客户的声音也越来越清晰。另外，在品牌推广方面，企业可以将多种线上和线下方式相融合，在开展多种形式的线下

活动引领潮流的同时，举办一系列吸引消费者的线上活动。

（五）创新品牌营销思路

1. 以大数据分析为基础

（1）依托大数据做好市场细分和定位

要想提高营销定位的精准性，必须对市场进行有针对性的分析。随着人民生活水平的提高和互联网技术的发展，企业与消费者的直接联系进一步加强，消费者对产品的直接选择对企业的产品策略提出了巨大挑战。具体表现在：首先，如何满足消费者对产品消费的多元化需求，有的商家在这方面还没有做好充分的准备，但挑战已经来临；其次，消费者的购物动机已经发生巨大转变，由单纯对物的满足到追求更高质量、更多款式、更富有个性化等方面，只有产品的设计与生产转型升级，才能满足消费者的个性化需求和定制需求。以大数据技术分析并掌握消费者信息，做好产品定位与创新，做好产品定制服务，更加注重质量提升，突出实用性、艺术性和个性化，显得尤为必要。大数据分析已经成为"互联网＋"背景下产品策略决策的重要依据。在大数据对个性化商品的推荐效果方面，利用大数据处理技术收集、分析消费者信息，分析消费者的喜好和消费行为，关系到产品营销策略是否具有针对性和实效性的问题。企业可以借助分布式系统基础架构、计算引擎等大数据分析系统，提取淘宝、天猫、京东等网络平台的电商交易消费数据，对数据进行预处理与可视化、提炼与分析等一系列操作，分析款式、价格和质量等产品的消费信息，并据此制定相应的产品策略。

（2）以个性化为特征的差异化产品策略

根据消费者行为学理论，消费行为蕴含消费动机、消费文化、消费者偏好、消费心理、生活水平等方面的信息。随着生活水平的提高，消费者不再满足于生存消费，而是升级为追求尊重和自我实现的消费需要。因此，随着人们消费的多元化，产品也应该实现多元化，企业应设计和生产差异化产品，创造一批价格与效用最优化的差异化、个性化产品，满足不同消费者的需求。企业可以根据消费者的不同审美观和个性化进行生产，从而满足互联网条件下消费者多元化的消费需求。互联网技术的快速发展为个性化消费创造了现实条件，客户群的细分和需求的个性化使得生产的可变因素增加，对个体客户而言，个性化产品体现为定制产品。企业必须突破以前的产品研发模式，生产以个性化为核心的差异化产品。

2. 满意定价与差别定价相结合的定价策略

（1）满意定价策略

目前很多企业采取利润率定价策略，虽然能确保单位产品的利润，但显得不够灵活。有时价格与潜在客户的效用期望值相差太大，导致不能成功交易；有时又低于效用期望值，导致不能实现更高的利润。利用大数据分析结果进行定价则能较好地把握消费者期望值与效用的关系，促成交易。大数据具有大量、多样、高速等特点，根据大数据确定的效用价格进行定价，能够更加准确地定位目标客户，比较容易得到消费者的认可，大幅提升产品的成交率，使企业获得更大的收益。在大数据背景下，各网络销售平台能通过消费者的消费行为进行消费画像，精准定位目标消费群体，精准向目标消费群体推荐产品。大数据显示，低收入群体和中高收入群体对产品品质的要求不一样，他们的效用期望值也不一样，同样定价也不应一样。企业应在充分掌握大数据的基础上，合理地把握消费者的效用期望值与定价，争取效益最大化。

（2）差别定价策略

依据消费类型进行定价，可以大致分为平价消费型、高价消费型和活动消费型三类定价策略。但是在具体执行过程中，差别定价策略缺乏灵活性，不能适应多元化产品的定价需求，不能有效地发挥价格的促销作用。定价的目的是实现利润最大化，提高市场占有率，实现收益最大化，维持企业生存与发展。因此，定价不能只考虑价格本身，而应与营销策略等综合考虑。产品价格在吸引消费者、增强竞争优势、塑造良好品牌形象等方面发挥的作用非常大，根据市场的需求情况和产品推向市场的不同阶段，企业应采用不同的价格策略。对平价消费型产品定价而言，产品更加突出实用性，价格相对平民化，实行薄利多销，目标利润率则不能按平时的思维要求 20% 的利润率，应该更低些，如 5% ～ 20%。高价消费型产品定价应灵活多样，价格不再是决定因素，而是取决于产品的独特性，以及能否在众多产品中吸引消费者的眼球，进而引导买方以一种艺术价值来对应价格。此时产品的定价就不应局限于 20% 的利润率，而应以普通价格的 5 ～ 10 倍定价，甚至更高，突出利润，增加附加值。当产品将"90 后"乃至"00 后"的消费人群定为目标市场时，产品应更加重视个性化、差异化，对应的产品要更具有鲜明特色，更符合年轻人的审美。

（六）推进整合营销网络一体化

在互联网时代，搭建用户综合服务平台，可以实现客户满意度的提升。在这个过程中,需要整合内部的营销网络,帮助消费者在企业构建的服务链环节中得到充分的体验效果。其中包含了如何使消费者从潜在用户向实际购买用户的转变,在每个环节的营销网络中做好引流和转化。在消费者进入平台的营销界面时,平台会首先收集到一些消费者的基本信息,以及在线客户和潜在消费者之间的互动信息,来判断消费者的购买意向程度,并在其中的互动中判断消费者偏好,通过整理消费者在浏览相应线上渠道时被记录下来的数据,完成对消费者画像的进一步分析,从而提升成交的可能性。企业将营销网络中的数据打通,对消费者的消费行为进行层层的挖掘和引导。对消费者而言,全价值链的满足不仅包含了消费者在企业内部线上平台的良好服务感知,也包含了消费者在与制造厂商及经销商等服务人员互动过程中的整体感知。部分企业的营销过程仍然未形成具有外部一致性的宣传服务感知的资源和服务,需要进一步形成统一的在线平台,帮助经销商提升效率,帮助消费者在官方的微信服务号或产品报价智能助手上进行咨询;需要与外部经销商合作,提供覆盖全产品体系的运营管理工具,针对不同类型的消费者提供满足其日常高频需求的快速咨询渠道,将众多分散的资源和渠道整合,向着为消费者服务更加便捷化、高效化的方向不断提升。

(七)提高互联网营销业务数字化能力

大数据时代,越来越多的企业专注于数据的竞争,客户体验、客户特征、产品倾向都蕴含在数据当中,数据被梳理、被信息化后就能给企业带来巨大的收益。精准的大数据对于挖掘客户的深层需求,掌握客户的最新动态,提升客户的满意度都起着至关重要的作用。在进行互联网营销发展的过程中,企业需要进一步重视并提高数字化能力,这将是未来行业发展的大势所趋。要想提高数字化能力,企业应重视以下几个方面:首先,加强对业务流程的梳理,挖掘在业务流程中的数字应用和数字背后反映出的市场趋势;其次,加强对品牌的应用体系建设,也包括对 App 功能的进一步完善,增强更加智能地捕捉用户需求的数字看板功能;最后,数字化能力还要体现在人的身上,通过对人的赋能,进一步提高其数字化能力和水平,如通过 App 的掌上学习功能为营销经理赋能,通过在线平台知识库的建设,让员工去学习产品的综合信息、常见问答及话术等,从而帮助员工更好地提高互联网营销能力。总之,加强业务流程的数字化、产品的数字化、人员的数字化学习,充分利用互联网平台和工具,让数字为营销赋能。

(八)全渠道服务网络保障消费者的购买体验

构建全渠道服务网络,保障用户线上和线下无缝体验。全营销渠道从满足消费者的综合体验感出发，通过对各类线上及线下的跨渠道服务网络进行整合，更好地满足消费者的需要。没有全渠道网络的支撑，企业的产品或服务难以仅仅依靠企业内部的服务网络来满足消费者全方位的需求。根据不同方向的服务网络整合情况，可以将服务网络分为三类：首先，以社交媒体和咨询类平台为主要服务网络，构建产品和消费者的连接，包括微信、新闻、引擎、微博等。这一方式越来越受到人们的欢迎，具有突出的体验效果，对于形成品牌文化、提高客户忠诚度发挥了很好的作用。其次，通过自身建设的网络渠道进行相应的连接，最典型的莫过于智能广场、官网等途径。对消费者而言，可以在智能广场平台亲身体验，得到对最新科技成果的最亲密感知。最后，针对消费群体建立提供各类咨询和帮助的平台，通过构建完善的消费者服务渠道网络，为消费者提供更加优质的服务。

（九）加强互联网营销人才梯队建设

企业是由单独的人组成的团体，因此，人也是企业最重要的资源。一个企业想要具有互联网思维，那这个企业中的人就必须具备互联网思维。培养具备互联网思维的人才，有以下几个途径：第一，引入外援，从外部招聘具有成熟互联网营销经验的人才作为外部资源的输入，进行对标，吸取经验，培养团队；第二，在企业内部进行培训，挖掘具有潜力的员工，积极营造有助于具有互联网技术背景的创新型人才进行创新的氛围；第三，通过提高工资、奖金等，鼓励团队进行自我学习，往互联网方向迈进。互联网营销需要专门的营销人才及建立专门的互联网营销团队，在营销流程上需要有极强的整合能力。互联网营销除了靠个人的努力，还需要团队协同作战，一个个具有互联网思维的人才拧成一股绳，才能达到最大的战斗力。因此，企业应该加强对团队的建设，可以从运营自媒体账号做起，制定网络宣传战略，形成客户至上、以供求关系为主导的营销文化。

参考文献

［1］陈亮.创品牌：品牌营销的16个关键点［M］.北京：中国经济出版社，2012.

［2］刘永宏.农业企业营销管理：基于品牌营销视角［M］.成都：西南交通大学出版社，2013.

［3］吴迺峰.创新整合品牌营销［M］.天津：天津人民出版社，2014.

［4］朱玉童.中国品牌营销十三战法［M］.北京：企业管理出版社，2015.

［5］李晨宇.中国企业营销传播的发展轨迹研究［M］.北京：光明日报出版社，2016.

［6］董绮.现代企业营销新战略及资源整合［M］.延吉：延边大学出版社，2016.

［7］覃素香.中小企业品牌营销及策划研究［M］.成都：电子科技大学出版社，2017.

［8］王卫民."互联网＋"时代的企业品牌营销创新与发展研究［M］.成都：电子科技大学出版社，2018.

［9］单敏飞.提高企业的竞争力：基于品牌营销的发展研究［M］.长春：吉林大学出版社，2019.

［10］李晓楠.市场营销策划与品牌推广对企业发展的影响研究［M］.成都：电子科技大学出版社，2019.

［11］刘巨钦，胡丽，文必正.企业集群品牌建设与集群关系营销［M］.湘潭：湘潭大学出版社，2019.

［12］刘红艳.品牌危机与品牌长期管理：心理契约理论视角［M］.北京：中国经济出版社，2019.

［13］顾亮，赖林萍，王冬明.餐饮引爆力：定位选址＋爆品打造＋品牌营销＋

运营管理［M］.北京：中国铁道出版社，2020.

［14］ 王发兴，余晓勤.品牌理论与管理［M］.广州：广东高等教育出版社，
2021.

［15］ 朱金科.打赢品牌仗：用战略思维讲透品牌营销［M］.北京：企业管理
出版社，2021.

［16］ 黄慧君.品牌故事：解读品牌构建与设计［M］.北京：海洋出版社，
2022.

［17］ 刘永湘.品牌重构：品牌价值链重新打造［M］.北京：中国纺织出版社，
2021.

［18］ 刘述文.品牌营销策划十大要点［M］.北京：企业管理出版社，2021.

［19］ 黄永春，李光明.品牌管理：塑造、提升与维护［M］.北京：机械工业出版
社，2021.

［20］ 杨明刚.数字媒体品牌策划与设计［M］.上海：上海人民出版社，2022.

［21］ 陈锐.品牌密码：品牌设计与传播［M］.南京：江苏凤凰科学技术出版社，
2022.

［22］ 陈金忠.国内中小型企业品牌营销策划浅析［J］.企业技术开发，2014，
33（1）：60-61.

［23］ 祁祺，余明瑾.社会化媒体时代下企业品牌的营销战略研究［J］.营销界，
2019（52）：289.

［24］ 王威.中小企业品牌营销中的问题及对策［J］.中外企业家，2019（15）：145.

［25］ 赵雪芹，王少春.微信小程序用户持续使用意愿的影响因素探究［J］.现
代情报，2019，39（6）：70-80.

［26］ 丁石宇，李文静.浅谈企业品牌市场营销模式的创新［J］.时代金融，
2019（12）：32-33.

［27］ 杨园园.新经济形势下企业品牌管理的市场营销策略［J］.全国流通经济，
2020（36）：6-8.

［28］ 张嘉桐.我国企业品牌营销中存在的问题及对策分析［J］.商场现代化，
2020（3）：39-40.

［29］ 金子琪.新媒体时代传统企业品牌营销策略研究［J］.产业创新研究，
2020（9）：42.

［30］朱明岗.互联网环境下企业品牌营销策略的创新探索［J］.互联网周刊，2021（16）：60-62.

［31］胡缪甜.新媒体时代企业品牌构建与营销推广探究［J］.商场现代化，2021（24）：41-43.

［32］王玉洋.基于微信小程序的移动学习平台环境构建与系统设计开发［D］.南京：南京大学，2018.